AF194101

1

Bibliografische Information der Deutschen Nationalbibliothek:

Die Deutsche Nationalbibliothek verzeichnet diese Publikation

in der Deutschen Nationalbibliographie; detaillierte bibliografische

Daten sind im Internet über http:// dnb.dnb.de abrufbar.

© 2019 Heinz J. Moll

Herstellung und Verlag:

BoD – Books on Demand, Norderstedt

ISBN 978-3-7528-5676-7

Dank

Allen Personen und Institutionen, die diese Publikation unterstützt haben, spreche ich hiermit meinen herzlichen Dank aus, insbesondere:

- Herrn Lucien Fluri, Solothurner Zeitung

- Herrn Pierre Harb, Kantonsarchäologe, Solothurn

- Herrn P. Hossmann, Staatskanzlei Solothurn

- Herrn Urs Jäggi, Präsident Bürgergemeinde Härkingen

- Frau Sonja Moll und Frau Madeleine Hunziker, Dulliken

- Frau Ursula Moll, Luterbach

- Staatsarchiv Solothurn

- iGENEA, Herr Roman C. Scholz, Baar

Ganz besonders danken möchte ich an dieser Stelle auch meiner Frau Esther und meinen beiden Söhnen Michael und Pascal, die mich immer wieder dazu angespornt haben, die vielen gesammelten Daten der Öffentlichkeit in einem Buch zugänglich zu machen.

Ittigen b. Bern, im Januar 2019   Dr. Heinz J. Moll

Inhaltverzeichnis

Auf ein Stichwort- und/oder Namensverzeichnis wurde bewusst verzichtet, da die Kapitelunterteilung bereits eine Systematik aufweist, die das Auffinden von bestimmten Daten erleichtern soll und die Suche auf der alleinigen Basis von Namen wenig Sinn macht, weil in der Vergangenheit ausserordentlich viele Personen denselben Vornamen oder Kombinationen davon getragen haben, die eine eindeutige Zuweisung bzw. Identifikation praktisch verunmöglichen. Dafür benötigt man in der Ahnenforschung in der Regel mehrere Indizien, die nicht durch einfaches Nachschlagen eines einzigen Merkmals umgangen bzw. ersetzt werden können.

Abkürzungen und Symbole:

DNA	Deoxyribonucleic Acid (engl.)
DNS	Desoxyribonukleinsäure; deutscher Terminus für DNA
EGde.	Einwohnergemeinde
fl	florenus, Gulden
Jh.	Jahrhundert
Kt.	Kanton
lat.	lateinisch
NN	Nomen Nominandum ("der Name ist [noch] zu nennen", bzw. ist [noch]unbekannt)
v. C.	vor Christi Geburt
n. C.	nach Christi Geburt
⚔	Schlacht
SO	Solothurn
*	Geburtsjahr
+	Todesjahr
∞	Jahr der Vermählung
♀	weiblich
♂	männlich

Fotos von Ausschnitten der Pfarrbücher:

Sämtliche Fotografien von Ausschnitten aus den Pfarrbüchern der Gemeinden Dulliken, Egerkingen, Härkingen, Lostorf, Niederbuchsiten, Oberdorf-Lommiswil und Starrkirch stammen vom Autor.

Vorwort

Die Frage nach ihrer Herkunft hat die Menschen schon immer beschäftigt. Insbesondere gilt dies für die eigene Familie und deren Vorfahren.

Es ist durchaus möglich, mit den heute zur Verfügung stehenden Mitteln und durch Recherchen bei bestimmten Institutionen die Geschichte der eigenen Familie zu erforschen. Gefragt sind dabei Geduld und Ausdauer sowie die notwendige Zeit, um in Archiven und je länger, je mehr auch im Internet nach den Spuren seiner Vorfahren zu suchen.

Im Rahmen der Suche nach meinen eigenen Vorfahren ist im Verlauf der Zeit so viel Material zusammengekommen, dass ich mich dazu entschieden habe, eine gossen Teil davon der interessierten Öffentlichkeit zugänglich zu machen. Das Resultat ist eine Zusammenstellung von Daten und Fakten, die den Weg der Moll-Familien, die im Kanton Solothurn heimatberechtigt sind, von der Vergangenheit bis in die heutige Zeit aufzuzeigen versucht.

Eine entscheidende Rolle kommt mittlerweile auch der Genetik zu: Eine DNA-Analyse ermöglicht es, die Herkunft eines Individuums mittels einer einfachen Speichelprobe zu untersuchen und damit, je nach Umfang der vorgenommenen Analysen, erstaunlich weitgehende Aussagen zu seiner Abstammung zu machen. Die Resultate von entsprechenden Nachforschungen in "Moll'scher DNA" werden im vorliegenden Werk interpretiert.

Ausgewählte Stellen aus Publikationen über die solothurnische Geschichte und die Genealogie weisen die Interessierten auf weiterführende Literatur hin, wo detaillierte Informationen in Wort und Bild zu finden sind.

Ich hoffe, mit diesem Beitrag zur Geschichte der Familie Moll im Kanton Solothurn die Zahl der Interessierten für die Herkunfts- und Familienforschung, der sogenannten "Genealogie", steigern zu können und wünsche allen Interessierten eine vergnügliche Entdeckungsreise!

Der Autor

1. Einleitung

Nehmen wir es gleich vorweg: Man darf unter Berücksichtigung bestimmter Rahmenbedingungen davon ausgehen, dass die männlichen Vorfahren derjenigen Moll-Familien, von denen das vorliegende Buch handelt, ursprünglich *Elbgermanen* (vom heutigen Gebiet des deutschen Landes Sachsen und des tschechischen Böhmen) sind, die dann mit der Wanderung an den Oberrhein *Alemannen* wurden. – Im Kapitel "Genetik" wird erläutert, auf welcher Begründung diese Hypothese basiert.

Dass die Alemannen schliesslich zwischen 400 und 550 n. C. in die Nordschweiz eingewandert sind, ist erwiesen. Die aus Südwestdeutschland in die heutige Schweiz gekommenen Moll'schen Vorfahren haben dann offensichtlich am solothurnischen Jura-Südfuss, westlich und östlich von Olten, auf seinerzeit keltoromanischem Boden eine neue Heimat gefunden. Völlig offen ist allerdings, wann genau dies geschehen ist: Ob die Moll'schen Vorfahren bereits bei den ersten Alemannen waren, die in unser Land gekommen sind oder ob dies zu einem späteren Zeitpunkt erfolgte, wird wohl nie definitiv geklärt werden können.

Nachfolgend wird das geschichtliche Umfeld aufgezeichnet, in dem diese Menschen und ihre Familien gelebt haben. Daten und Fakten aus den für die Familiengeschichte wichtigen Dörfer werden genannt und es wird über das Wappen der solothurnischen Moll-Familien berichtet.

Der genetische Teil mit Erläuterungen zum Stand der wissenschaftlichen Erkenntnisse über die Abstammung von uns und unseren Zeitgenossen rundet das vorliegende Buch ab.

2. Geschichtliches Umfeld

Es liegt auf der Hand, dass der Gang der Geschichte auch die Geschicke derjenigen Teile der Familie Moll beeinflusst hat, die heute im Kanton Solothurn heimatberechtigt sind und zu einem grossen Teil auch dort leben.

Deshalb werden im Folgenden die wichtigsten Ereignisse und Eckdaten aufgeführt, die sich seit der Zeitenwende auf dem Territorium des heutigen Kantons Solothurn und dort wiederum *vor allem in den Bezirken Gäu, Olten und Gösgen* abgespielt haben bzw. von nennenswerter Bedeutung sind. Die Auflistung der historischen Ereignisse stellt jedoch absolut keinen Anspruch auf Vollständigkeit: Dies würde den Rahmen dieses Buches bei weitem sprengen.

Mit dem Beginn des 17. Jh. liegen die ersten Einträge der Tauf-, Eheschliessungs- und Todesdaten von Moll'schen Namensträgern in den Pfarrbüchern der betreffenden Gemeinden vor. Deshalb sind zur Illustration der jeweiligen Zeitabschnitte Ausschnitte der archivierten Notizen der

Pfarrherren in den Text eingefügt und finden sich so im Kontext des geschichtlichen Geschehens in der Mitwelt der Moll'schen Vorfahren.

2.1. Die Kelten

Die Kelten wurden vor über 2000 Jahren vom römischen Feldherrn Julius Gaius Caesar wieder zurück an ihre Ausgangsorte geschickt, nachdem er diese in der Schlacht bei Bibracte (58 v. C.) ✗ auf dem Territorium des damaligen Gallien und des heutigen Frankreich geschlagen hatte. Um Versuchungen einer "Rückkehr nach Hause" zu verhindern, hatte der keltische Stamm der Helvetier vor dem Verlassen seiner Heimat Haus und Hof niedergebrannt. So waren unsere keltischen Vorfahren nach der Wiederankunft in den kurz zuvor verlassenen Gegenden gezwungen, eine neue, dauerhafte Infrastruktur aufzubauen.

Die Zeit nach der Rückkehr der Helvetier an ihre Ausgangsorte ist als "pax romana" in die Geschichte eingegangen. Darunter wird die über 200 Jahre anhaltende innere Friedenszeit, eine lange während Zeit von innerem Frieden, Stabilität, Sicherheit und Wohlstand im Römischen Reich bezeichnet, die 27 v. Chr. mit der Herrschaft des römischen Kaisers Augustus begann und mit dem Tod Mark Aurels 180 n. Chr. endete.

Abb.1 Auf dem Buechholz bei Eppenberg-Wöschnau, das auf drei Seiten steil abfällt und damit natürlich geschützt war, befand sich während der La-Tène-Zeit (450 v.C. bis 15. v.C.) eines der grössten keltischen Refugien Europas. Das Bild zeigt den eindrücklichen Wall auf der Südseite der Wehranlage.[1]

[1] Harb Pierre; Spycher Hanspeter; Fundort. Archäologie im Kanton Solothurn (2016), mit freundlicher Genehmigung für die Reproduktion

Viele archäologische Funde sind Zeugen der Zeit, als die Kelten in den heutigen solothurnischen Landen gelebt und dadurch Ihre Spuren hinterlassen haben. Für detaillierte Informationen zur Geschichte der Kelten, ihre Lebensweise und Kultur sei auf die einschlägige Literatur verwiesen.

2.2. Die Zeit der römischen Herrschaft

Unter den Römern (58 v. C. – 450 n. C.) gelangte das schweizerische Mittelland zu kultureller Blüte.

Im 3. Jahrhundert n. C. wurde dann allerdings im Norden der von den Römern gebaute Grenzwall (der sog. Limes) zwischen Rhein, Main und Donau von den germanischen Alemannen durchbrochen. Die Schweiz wurde Grenzland des römischen Imperiums, eine doppelte Verteidigungslinie an Rhein und Jura-Aare bildete nun das Bollwerk gegen die germanischen Stämme.

Gegen Ende der römischen Besetzungszeit drang da und dort das Christentum in die Schweiz ein. Kleinste christliche Gemeinden überdauerten den Sturm der Völkerwanderung bis zur Christianisierung unseres Landes durch irische Mönche im 7. Jahrhundert.

Abb.2 Von der kleinen Festung in St. Wolfgang bei Balsthal kontrollierten römische Elitesoldaten im 4. Jahrhundert die Juraübergänge.[2]

---

[2] Harb Pierre; Spycher Hanspeter; Fundort. Archäologie im Kanton Solothurn (2016), mit freundlicher Genehmigung für die Reproduktion

Für etwa 150 Jahre blieb die Schweiz Grenzland mit militärischer Besetzung. Der Zerfall des römischen Reiches öffnete dann aber der alemannisch-germanischen Einwanderung die Tore.[3]

Abb. 3 Bronzelämpchen aus der Römerzeit. Fundort: Oberbuchsiten (ausgestellt im Historischen Museum Olten).[4]

Auch aus der Zeit der römischen "Besatzung" Helvetiens wurden im heutigen Kanton Solothurn unzählige Funde gemacht und es sind auch viele Ruinen ehemaliger römischer Bauten vorhanden, die in der Fachliteratur beschrieben wurden. - Interessierte Leser mögen sich deshalb auch diesbezüglich via Internet und/oder Bibliotheken über die gut zugänglichen Fach-Publikationen kundig machen.

2.3. Alemannen, Franken und Burgunder

Insbesondere die Alemannen stellen einen wichtigen Teil der Herkunftsgeschichte der Familie Moll dar, weshalb wir hier etwas ausholen:

Nach dem schweizerischen Philologen und Namensforscher Prof. Bruno Boesch kann die Bezeichnung „Alemannen" am wahrscheinlichsten wie folgt erklärt werden: „Menschen oder Männer insgesamt, im Gesamten genommen".[5]

Es ist unsicher, wann die „Geschichte" der Alemannen begann, wann sie – wenn überhaupt – endete und wo in der Frühzeit die Grenzen des Terri-

---

[3] Schaffer Fritz, Abriss der Schweizer Geschichte, S.11ff; Verlag Huber, Frauenfeld (1972)
[4] Harb Pierre, Oberbuchsiten/Bachmatt – vom römischen Gutshof zum mittelalterlichen Dorf; im Jahrbuch 2006 der Archäologie und Denkmalpflege im Kanton Solothurn, S.11 (2007)
[5] Geuenich Dieter, Geschichte der Alemannen, S. 10ff; Verlag W. Kohlhammer, Stuttgart (2005)

toriums der Alemannen, die *Alemannia*, lagen. Es gibt auch keine eindeutige Festlegung oder Definition, wer Alemanne war und wer nicht. Heute sind viele Historiker grundsätzlich der Meinung, dass die Ethnogenese („Volkwerdung") der Alemannen erst auf dem Boden des neuen Siedlungsgebietes zwischen dem Rhein und dem römischen Limes (s. obiges Kapitel) geschehen ist. - Zudem erscheint es unbegründet, sie als „Stamm" im Sinne einer Abstammungsgemeinschaft zu bezeichnen, da keinerlei Indizien für ein gemeinsames Stammesbewusstsein, für Mythen gemeinsamer Abstammung oder für sprachliche Gemeinsamkeiten überliefert sind.

Von den meisten Forschern wird heute angenommen, die Alemannen seien, zumindest in ihrem Kern, Sueben („Schwaben"), also ursprünglich Angehörige einer älteren, bei Gaius Julius Caesar und dem römischen Geschichtsschreiber Tacitus gut bezeugten Völkergruppe. Die von den Historikern dafür beigebrachte Begründung beruht allerdings auf Quellenaussagen aus späterer Zeit: Es ist die Gleichsetzung von Sueben und Alemannen, die in den Schriftzeugnissen seit dem 6. Jahrhundert begegnet. Die Namen „Alemannen" und „Schwaben" wurden im Früh- und Hochmittelalter synonym verwendet, bis sich schliesslich die Bezeichnung „Schwaben" durchsetzte und der Name der Alemannen vom 12. Jahrhundert ab allmählich in Vergessenheit geriet.

Die Sprachwissenschaft und die Archäologie gehen beide übereinstimmend davon aus, dass die Alemannen ursprünglich *Elbgermanen* waren, ihre Heimat also im Mittelelbe-Saale-Gebiet hatten. Da dort nach dem oben erwähnten Zeugnis des Tacitus die Heimat der germanischen Semnonen, des ältesten Stammes der Sueben, war, scheint die Vermutung, Alemannen seien identisch mit den Semnonen oder zumindest in ihrem Kern Semnonen, von Seiten der Nachbardisziplinen ihre willkommene Bestätigung erfahren.

Als Landwirte bevorzugten die Alemannen Hof- und offene Dorfsiedelungen. Sie legten damit den Grund zur dörflichen Kultur.[6]

Nach allem, was wir von der römischen Herrschaft in der Schweiz wissen, was uns die Münzfunde, auch die Orts- und Flurnamen im Kanton Solothurn nahelegen, kann kaum eine umfassend und endgültige Besiedlung unserer Heimat durch die Alemannen vor dem 5. Jahrhundert erfolgt sein.[7]

Entscheidend für das Schicksal der alemannischen Völker war die Konfrontation mit den Franken im Nordwesten und Norden ihres Siedlungsgebietes: In der *Schlacht von Zülpich* kämpften wahrscheinlich im Jahr 496 die Rheinfranken unter Sigibert von Köln mit der Hilfe der Salfranken unter

---

[6] Thürer Georg, Bundesspiegel: Geschichte und Verfassung der Schweizerischen Eidgenossenschaft, S. 10; Artemis Verlags-AG, Zürich (1964)

[7] Amiet Bruno, Solothurnische Geschichte, Erster Band, S. 117ff; Staatskanzlei des Kantons Solothurn (1952)

Chlodwig I. (446-511, fränkischer König aus der Dynastie der Merowinger) gegen die angreifenden Alamannen. Nach einer offenbar weiteren Schlacht um 506 schienen die Alemannen entscheidend geschwächt zu sein.

Abb.4   Dreiteilige Gürtelgarnitur aus einem frühmittelalterlichen Grab in Grenchen. Die Oberfläche ist mit Einlagen aus feinen Silberfäden und -plättchen verziert. Gegenbeschlag mit mineralisierten Holzresten des Bodenbrettes; rechteckiger Rückenbeschlag mit Lederresten der Tasche.[8]

Die Alemannen waren so zu Beginn des 6. Jahrhunderts zwischen die Machtblöcke geraten, die sich zu behaupten und ihre Machtsphären auszuweiten versuchten: Die Franken übten von Norden und Nordwesten her Druck aus und verdrängten offenbar grosse Teile der alemannischen Bevölkerung nach Süden.[9]

Sicher, wie das die Ortsnamen auf dem linken Aareufer bei Solothurn eindeutig dartun, waren die *Burgunder vor den Alemannen* an Ort und Stelle. So legen die wenigen sicheren Anhaltspunkte uns nahe, zu vermuten, dass die Alemannen *erst nach 480*, als ihnen die burgundische Pforte gesperrt war, durch das Aaretal westwärts wanderten.[4]

Der Flüchtlingsstrom aus dem Norden fand nördlich des Rheins wahrscheinlich nicht genügend Raum und überquerte den Rhein, um in das Land zwischen diesem und den Alpen zu gelangen, sich immer an die Flusstäler (Aare u.a.) und das urbarisierte Land haltend. Die einen fanden nun als Schutzflehende Zuflucht beim ostgotischen König Theoderich dem Grossen, die anderen westlich anschliessend vermutlich beim burgundischen König Gundobad, der zu diesem Zeitpunkt die Nordwestschweiz beherrschte.

Die Sprachwissenschaft und die Archäologie stimmen darin überein, eine alemannische Siedlungsbewegung grösseren Ausmasses relativ spät anzusetzen, jedenfalls erst im politischen Rahmen des merowingischen Frankenreichs. Die Ortsnamen bestätigen diese Datierung: Innerhalb der alemannisch-deutschen Siedlungsnamen ist eine ältere Namenschicht (Formen: -ingen-, -heim- und -dorf) von den Namen eines ersten früh-

---

[8] Wullschleger Myriam, Das frühmittelalterliche Gräberfeld von Grenchen – erste Ergebnisse der Ausgrabungen 2014; in: Jahrbücher der Archäologie und Denkmalpflege im Kt. Solothurn. (2015)
[9] Geuenich Dieter, Geschichte der Alemannen, S. 87; Verlag W. Kohlhammer, Stuttgart (2005)

mittelalterlichen Ausbauraums (Haupttyp: -inghofen bzw. -ighofen, -ikofen sowie -ikon) und denjenigen eines zweiten Ausbauraums (Formen: -wil und -wiler) zu unterscheiden. Aus der Übernahme und Lautverschiebung vordeutscher Namen, der zeitlichen und räumlichen Verteilung der genannten alemannisch-deutschen Leitnamen, ferner aus der Verbreitung der für die alemannisch-romanischen Berührungszonen typischen Walen-Namen entlang der deutsch-französischen Sprachgrenze sowie in der Nordost- und der Zentralschweiz kann die alemannische Siedlungs-bewegung bis zum 7./8. Jahrhundert. bestimmt werden.[10]

Das Ergebnis aller Überlegungen der bisherigen Forschung ist dahin zusammenzufassen, dass die Burgunder um 480 das Aaretal ihrer Herr-schaft unterwarfen und dass bald darauf die Alemannen ohne Kampf, die burgundische Herrschaft anerkennend, in grösserer Zahl einwanderten und besiedelten.

Hier und zu diesem Zeitpunkt fehlte es bei den Alemannen an einer einheitlichen Führung: Kein König und kein Herzog stand an Ihrer Spitze. Sie waren als „Hundertschaften" und einem Hundertschaftsvorsteher gruppiert, und ein solche bestand aus Sippen und Familiengruppen, die unter der Leitung eines Familienoberhauptes waren. So zogen sie westwärts und suchten sich Land und Siedlungsgrund aus, indem sie sich gewöhnlich an römische bzw. keltoromanische Örtlichkeiten hielten, während die bisherigen Bewohner vor ihnen auswichen.

Schon auf der Wanderung wurden die Leute nach dem führenden Geschlecht, das wiederum seinen Namen vom Familienoberhaupt besass, bezeichnet. Hiess der patriarchalische Hausvater Agarich, so erhielten Sippe und Anhang, der aus Gefolgsleuten und Knechten bestand, den Namen „Agarichinger" und so waren sie unter ihren Nachbarn im Zuge und später der Niederlassung bekannt, und von den Menschen ging allmählich die Benennung auf den festen Wohnsitz über. – „Ze den Agarichingern" bedeutete zuerst die Menschengruppe und mit der Zeit als „z'Agarichingen" oder „z'Egerchingen" ihren Wohnort. So wird es begreiflich, dass die „–ingen-Orte" die ältesten alamannischen Siedlungen waren.

So wird es möglich, auf der solothurnischen Karte die ältesten aleman-nischen Siedlungen aufzusuchen. Man findet sie in vier Gruppen gehäuft: Die erste befindet sich unterhalb von Olten im sogenannten Niederamt (Amtei Olten-Gösgen), *die zweite oberhalb von Olten im Gäu*, die dritte im Wasseramt östlich und westlich der Emme bis in den Buchegberg hinein und die vierte im jurassischen Hochtal von Meltingen-Nunningen.[11]

---

[10] Historisches Lexikon der Schweiz, Band1, S. 175ff; Verlag Schwabe, Basel (2002)
[11] Amiet Bruno, Solothurnische Geschichte, Erster Band, S. 121; Staatskanzlei des Kantons Solothurn (1952)

Da durch die Eroberung Burgunds auch die Alemannen unter fränkische Herrschaft gekommen waren, standen nun alle Alemannen unter der Oberhoheit der fränkischen Merowinger.[12]

Durch die Aufteilung des Herrschaftsgebiets unter den Söhnen Chlothars I. zog sich die Grenze zwischen Alemannien und Burgund durch das solothurnische Land hindurch. Es ist jedoch schwierig, die genaue Grenzlinie nachzuweisen. Es scheint das *rechte* Aareufer damals zu *Alemannien* geschlagen worden zu sein. *Burgundischer Herrschaft* unterstand das *linksufrige* Aaretal mit seinen Zuflüssen bis nach Olten hinunter, auch wenn die Masse des Volkes alemannisch war.

Wo sich das keltoromanische Wesen noch längere Zeit hielt, setzte sich ihre Namengebung in den Orts- und Flurnamen durch: Dazu gehört u.a. Olten und seine Umgebung. Die einwandernden Alemannen gingen offenbar um das Castrum herum, wichen der dortigen keltoromanischen Bevölkerung aus. - Alte und neue Einwohner leben jedoch nebeneinander und tauschten miteinander die vorhandenen Kulturgüter. Darum zeigten denn auch ihre Nachkommen nicht rein germanisches Gepräge.

In den Jahren nach 610 erfolgte eine neue grosse Besiedelungswelle. Diesmal flutet sie mehr in den Jura hinein und suchte links und rechts der Aare- und Emmeebenen die Anhöhen und Bodenschwellen auf. In jenen Jahrzehnten müssen die Ortschaften auf –dorf und –wil entstanden sein.
Es fällt auf, dass das Tal zwischen Aarau und Oensingen nur wenige Örtlichkeiten auf –dorf und –wil aufweist. Das berechtigt wiederum zur Annahme, dass das Aaretal in der Hauptsache schon früh, vor 500, von den Alemannen besiedelt worden sei.[13]

Ob die Einwanderer aareaufwärts oder über den unteren Hauenstein herüberkamen, lässt sich nicht ausmachen. Man nimmt an, dass sie allmählich vom Rhein her durch das Homburger- das Ei- und das Ergolztal in den Jura hinaufstiegen oder eventuell auch erst nach einem Umweg durch das Fricktal in die solothurnischen Lande gekommen sind. Wahrscheinlich sind alle diese Varianten genutzt worden.

Das alemannische Volk, das sich in unserm Land niederliess, war sozial reich gegliedert und abgestuft.
Die unterste Gemeinde öffentlichen Rechts war die Hundertschaft. Darunter verstand man die Vereinigung von zehn bis zwölf Siedlungen mit je zehn waffenfähigen Männern: Das gab 100 bis 120 Streiter. In einem Dorf waren durchschnittlich acht bis zehn Höfe und die Bauern dieser Höfe standen unter dem Sippenführer. Diese ordneten sich ihrerseits dem Vorsteher der Hundertschaft unter. Es ist wahrscheinlich, dass die Sippenführer und die

[12] Geuenich Dieter, Geschichte der Alemannen, S. 89; Verlag W. Kohlhammer, Stuttgart (2005)
[13] Amiet Bruno, Solothurnische Geschichte, Erster Band, S. 126ff; Staatskanzlei des Kantons Solothurn (1952)

Hundertschaftsvorsteher dem Adel angehörten; die waffentragenden Bauern aber dem Stande der Gemeinfreien.

Wie weit diese Gliederung des Volkes im Kanton Solothurn durchgeführt war, bleibt wohl immer unbekannt, weil schriftliche Zeugnisse aus der Gegend restlos fehlen. Zudem sprechen wir ja über ein Grenzgebiet, wo sich die Herrschaftsverhältnisse überlagerten und auch die Völker sich mischten. – Immerhin könnte das Gäu von Oensingen bis Olten eine Hundertschaft gewesen sein, mit dem Mittelpunkt Härkingen, wo sich eine alte Gerichtsstätte nachweisen lässt. Aber gerade das Gäu gehorchte nicht einem alemannischen Herzog; es lag ja im burgundischen Reich.

Als die Herrschaft des selbständigen Königreiches Burgund zu Ende war und ein Merowinger im Jahre 534 die Zügel der Staatsleitung ergriff, da begann eine intensivere Christianisierung des Landes. Die ersten Landkirchen im Gäu sind um 600 anzusetzen. Gegen Ende des 7. Jahrhunderts drang das Christentum siegreich auf der ganzen Linie durch. Im Gäu zählen zu den ältesten Kirchen Martin in Egerkingen, Stephan bei Oberwerd-Neuendorf und Johann Baptist in Härkingen bei einer alten Gerichtsstätte.

Im Zeichen der christlichen Religion verbrachte das Volk in den folgenden Jahrhunderten seine Tage. Damit begann mit der Herrschaft der Karolinger im fränkischen Reich auch *das eigentliche Mittelalter*.[14]

Mit der Entstehung des deutschen Reiches gingen die „Stämme" in diesem auf, so dass es berechtigt erscheint, die Geschichte der Alemannen mit diesem Zeitpunkt als beendet anzusehen.[15]

2.4. Die Karolinger

Nachdem Pippin der Kleine (Sohn von Karl Martell und Enkel des frän-kischen Hausmeiers Pippin von Heristall) nach dem Ausscheiden seines Bruders Karlmann alleiniger Hausmeier geworden war, schickte er den letzten Merowingerkönig ins Kloster und liess sich im Jahre 751 selbst zum König der Franken erheben.

Sehr wahrscheinlich ist in dieser Zeit der Buchsgau, dessen Südgrenze am linken Aareufer bis zur Eimündung der Sigger hinaufreichte, um 740 der unter Bischof Walaus neu errichteten Diözese Basel zugeteilt worden. Die Hauensteinpässe gerieten damit in den Bereich der Bischöfe von Basel. Undurchsichtig bleibt die Frage, ob der Buchsgau, der Sisgau und der Frickgau damals schon selbständige Gaue waren oder in einem umfassenden Augstgau eingegliedert waren. (Amiet 159)

---

[14] Amiet Bruno, Solothurnische Geschichte, Erster Band, S. 141ff; Staatskanzlei des Kantons Solothurn (1952)
[15] Geuenich Dieter, Geschichte der Alemannen, S. 118; Verlag W. Kohlhammer, Stuttgart (2005)

Auf Pippin den Kleinen folgten anno 786 sein Söhne Karl der Grosse und Karlmann und teilten sich das Reich. Karlmann regierte über Burgund und Alemannien bis ins Jahr 771, wo er plötzlich verschied. Darauf war Karl der Grosse im ganzen Reich Alleinherrscher und waltete bis zum Jahre 814 tatkräftig und nachhaltig seines hohen Amtes, das im Jahre 800 noch mit dem Glanz der abendländischen Kaiserkrone geschmückt wurde.

Die drei Söhne des Nachkommen von Karl dem Grossen, Ludwig dem Frommen, einigten sich im Vertrag von Verdun im Jahre 843 auf eine Aufteilung des grossen Reiches in West- Mittel und Ostfranken. Von der Grenzziehung wurde auch das nachmalig solothurnische Land in Mitleidenschaft gezogen: Rechts der Aare gehörte vermutlich alles Land zu Ostfranken, das von König Ludwig dem Deutschen regiert wurde. Links der Aare lag Mittelfranken, das von Kaiser Lothar I., dem ältesten Sohn Ludwig des Frommen, beherrscht wurde.

Diese Ordnung währte aber nur bis zum Jahre 855, da Kaiser Lothar resignierte und starb. Das Mittelreich wurde darauf von den drei Söhnen dieses Kaisers aufgeteilt. Dabei erhielt der zweite Sohn, Lothar II., das Land von der Aare bis zum Genfersee, das somit die Südgrenze seines bis zur Nordsee reichenden Staates bildete. Er gab dem Gebiet, das einmal zwischen Frankreich und Deutschland liegen sollte, den Namen Lotharingien. Darnach wäre das solothurnische Land auf dem linken Aareufer unter der Herrschaft Lothars II. gewesen.

Sein Tod im Jahre 869 zeitigte einen schweren Gegensatz unter den Brüdern, den Königen Karl dem Kahlen von Westfranken und Ludwig dem Deutschen von Ostfranken. Sie einigten sich im Vertrag von Mersen im Jahre 870 über die Teilung des lotharingischen Gebietes.
Während sich König Ludwig der Deutsche seit Verdun 843 am rechten Aareufer festgehalten hatte, griff er nun diesmal im Vertrag zu Mersen auf das linke Aareufer über und sichert sich das Bistum Basel.

Als König Ludwig der Deutsche im Jahre 876 die Augen für immer schloss, teilten drei Söhne Ostfranken. Der jüngste, Karl, empfing die Herrschaft über Alemannien und das Elsass und damit wohl auch die Nordwestschweiz.

Abb.5 Freilegung eines Grabes im spätrömisch-frühmittelalterlichen Gräberfeld von Oberbuchsiten (Bühl).[16]

Er erlangte sogar die Kaiserkrone und ging als Karl III. oder der Dicke in die Geschichte ein. Sein Tod im Januar 888 war ein Wendepunkt in der Geschichte der solothurnischen Lande, ging doch damit die Herrschaft der Karolinger und des fränkischen Reiches überhaupt zu Ende.[17]

2.5. Königreich Hochburgund und salische Kaiser

Aus solothurnischen Landen, die fast ganz dem Königreich Rudolf I., des ersten Königs von Burgund, angehörten, wurde ausser Solothurn nur noch der Name des Dorfes Dulliken in der althochdeutschen Form "Tullinchova" in einer Urkunde der Nachwelt überliefert: Danach mussten 893 ein gewisser Alewig und seine Teilhaber eine Hörigenabgabe aus Dulliken an den Hof zu Zürich entrichten.

---

[16] Jahrbuch 1997 der Archäologie und Denkmalpflege im Kanton Solothurn S.55 (1998)
[17] Amiet Bruno, Solothurnische Geschichte, Erster Band, S. 163ff; Staatskanzlei des Kantons Solothurn (1952)

Der Nachfolger des ersten Burgunderkönigs, Rudolf II., beherrschte vor seinem Tode im Norden seines Reiches die Freigrafschaft, Basel und den Aargau mindestens bis an die heutige bernisch-luzernische Grenze, wenn nicht gar bis an die Reuss. Sehr wahrscheinlich gehörte nicht nur der überwiegende Teil des künftigen Kantons Solothurn zum burgundischen Reich, sondern alles Gebiet im Mittelland und im Jura bis an die untere Birs. Im September 1032 ist mit Rudolf III. der letzte Rudolfinger verstorben.

Die Nachfolge an der Spitze des burgundischen Königshauses übernahm der Neffe Rudolfs III, Konrad II. Dieser hatte bis im Sommer 1038 vier (!) Kronen empfangen, nämlich die kaiserliche, die deutsche, die italienische und die burgundische. Bereits 1039 starb Konrad II. jedoch, als einer der mächtigsten Herrscher der europäischen Geschichte, unter anderem auch als Gründer des neuen Königshauses der "Salier".[18]

Abb.6 Einzig überliefertes Siegel Rudolfs von Rheinfelden an einer Urkunde vom 25. März 1079[19]

Die bedeutendste Persönlichkeit unter den Feinden Heinrichs IV., des Enkels des Saliers Konrads II., war Rudolf von Rheinfelden. In der Zeit von 1057 bis 1079 regierte Rudolf ohne Zweifel über Solothurn und die nachmaligen solothurnischen Lande. Nebst der Landgrafschaft im Buchsgau gehörten ihm daselbst auch Güter. Es ist jedoch völlig unbekannt, ob er die Grafschaft Buchsgau selbst verwaltete oder damit ein anderes Geschlecht belehnte.

Im Dezember 1080 schenkte Heinrich IV. dem treuen Bischof von Basel, Burkhard, der mit ihm in Canossa gewesen war, die Grafschaft Härkingen im Buchsgau. Es handelte sich um die spätere Landgrafschaft Buchsgau. Der Bischof aber belehnte damit die Grafen von Froburg. Die auf den ersten Blick überraschende Bezeichnung "Grafschaft Härkingen" zeigt deutlich, dass

---

[18] Amiet Bruno, Solothurnische Geschichte, Erster Band, S. 167ff; Staatskanzlei des Kantons Solothurn (1952)
[19] Wikisource; Die Siegel der Deutschen Kaiser und Könige, Band 5, S. 23 (2018)

Härkingen ein uralter Gerichtsort war, nach dem der ganze Gau zeitweilig seinen Namen hatte. Die Grafschaft umfasste das linksufrige Aaretal von der Sigger unterhalb Solothurn bis zum Erzbach oberhalb Aarau und das Tal der Dünnern mit ihrem Einzugsgebiet.

Die Bindung des Buchsgaus an die weltliche Herrschaft des Bischofs von Basel verdeutlicht das zunehmende Übergewicht deutscher Macht.

2.6. Staufer, Zähringer und Froburger

Mit der Wende vom 11. Zum 12. Jahrhundert tritt endlich auch der Adel, der auf dem Boden des nachmaligen solothurnischen Gebietes zu Hause war, in den geschichtlichen Dokumenten auf.

Seit 1138 bestimmten die süddeutschen Hohenstaufen als Kaiser und Könige die Geschicke des deutschen Reiches und zogen dabei die Nachbarschaft südlich des Rheines ganz in Ihren Bann.

Man hat gute Gründe, anzunehmen, dass die *Zähringer* als Erben der *Rheinfelder* auch in den Buchsgau hinübergegriffen haben. Ihr Vorstoss konnte sowohl dem Bischof von Basel gelten, als auch den *Froburgern*, den Lehensträgern des Buchsgaus, die treue Freunde der Staufen waren. Die Zähringer belehnten damit die *Herren von Bechburg*. Die *Bechburger*, deren Burg oberhalb von Holderbank im Buchsgau den Oberen Hauenstein bewachte, erschienen um 1130 in der Umgebung des Kaisers und Königs Lothar von Sachsen als Grafen, nachdem sie zu Beginn des Jahrhunderts bloss als Herren ohne Grafentitel genannt worden waren.
Am Ende des Jahrhunderts walteten als Grafen von Buchsgau die Froburger, so, dass wir ohne Zweifel an friedliche Beziehungen der Zähringer mit den Froburgern denken können.[20]

Der erste Name des Hauses *Froburg*, von dem 1076-1114 seine Zugehörigkeit zum Geschlecht behauptet werden kann, war Graf Volmarus I. Die Herkunft der *Froburger* ist unsicher: Waren sie Nachkommen eines alemannischen Hundertschaftsrichters aus dem Lande selbst oder stammten sie von einer fränkischen Grafenfamilie, die zu merowingischer, karolingischer, burgundischer oder deutscher Zeit im Buchsgau und im Sisgau heimisch wurde? – Wie auch Immer: Die Froburger wahrten dem staufischen Königs- und Kaiserhaus über ein Jahrhundert die Treue. Sie bauten ihre Machtstellung an den beiden Hauensteinen fast zu einer fürstlichen Landesherrschaft aus. Als Lehensträger der Bischöfe von Basel waren die Froburger Grafen im Buchsgau. Zwischen froburgischen Gütern und Rechten mannigfacher Art lagen im Thal und Gäu solche der

---

[20] Amiet Bruno, Solothurnische Geschichte, Erster Band, S. 186ff; Staatskanzlei des Kantons Solothurn (1952)

Bechburger und der *Falkensteiner*, ohne dass man diese Verflechtung durch verwandtschaftliche Beziehungen aus älterer Zeit erklären kann.

Ausser den Froburgern lebten im heutigen unteren Kantonsgebiet noch drei adelige Geschlechter: Die *Freiherren von Wartenfels*, deren Burg Lostorf überragte, werden zum ersten Mal im 13. Jh. genannt. Obwohl die Lage ihrer Burg vermuten lassen könnte, dass sie zum froburgischen Burgennetzgehört habe, findet man die *Wartenfelser* nie in im Kreis der froburgischen Gefolgsleute. Ähnlich verhält es sich mit den *Freiherren von Gösgen*.[21]

2.7. Zwischen Reich und Habsburg

1267 wurde *Rudolf IV. von Habsburg* mit einem Schlag der mächtigste Herr im deutschschweizerischen Mitteland. – Vier Jahre nach seinem Tod anerkannte Graf Volmar von Froburg (Ludwigs IV. Sohn) im September 1295, dass er vom Bischof von Basel die Landgrafschaft im Buchsgau, die Burgen Falkenstein bei St. Wolfgang und Falkenstein in der Klus und die Städtchen Waldenburg und Olten als Lehen empfangen hatte.

Durch den Verkauf der Froburger Feste im Jahre 1307 durch Graf Ludwig V., dem letzten weltlichen Spross der Zofinger Froburg-Linie, war der Niedergang des Hauses Froburg besiegelt. Im Verkauf war ein Anteil an der Landgrafschaft Buchsgau inbegriffen.

Unter den treuen Anhängern König Albrechts I. ragte in dieser Zeit der Freiherr *Niklaus von Wartenfels* hervor, dessen Burg das Aaretal zwischen Aarau und Olten überblickte. Er befand sich fast ununterbrochen in österreichischen Diensten und war sogar als Hofrichter in Wien und Graz.[22]

In den Wirren der damaligen Zeit vermochte Graf Rudolf III. von Nidau im ersten Drittel des 14. Jahrhunderts zwischen Jura und Aare vom Bielersee bis nach Olten eine achtungsgebende Landesherrschaft aufzubauen. Er war im Begriff, der Erbe und Nachfolger der Froburger im Buchsgau zu werden. Gemeinsam mit Volmar IV. von Froburg und Johann, auch Henmann genannt, war er Lehensträger der Landgrafschaft Buchsgau und legte mit diesen die Hand auf die beiden Falkensteiner Burgen. Die Froburg ob Trimbach war schon von seinem Vater her nidauisch.

In den Jahren 1344/45 begann die Herrschaft der Stadt Solothurn über die umliegende Landschaft.

---

[21] Amiet Bruno, Solothurnische Geschichte, Erster Band, S. 204ff; Staatskanzlei des Kantons Solothurn (1952)
[22] Amiet Bruno, Solothurnische Geschichte, Erster Band, S. 234ff; Staatskanzlei des Kantons Solothurn (1952)

Gute zehn Jahre später, am 18. Oktober 1356, suchte ein gewaltiges Erdbeben Basel und die Nordwestschweiz heim. Manche Burg im Jura trug dauernden Schaden davon, darunter auch die Froburg.

Im Sommer 1365 sammelte Jean de Vienne als Bischof von Basel ein Heer, rückte über die Hauensteinpässe und suchte das Land am Jurafuss bis Grenchen hinauf heim, ohne dass ein wirklicher Erfolg eintrat.

Ein Jahr später 1366 führte Österreich eine Fehde mit Henmann von Bechburg und mahnte Solothurn zu Hilfe, die dieses aber verweigerte.[23]

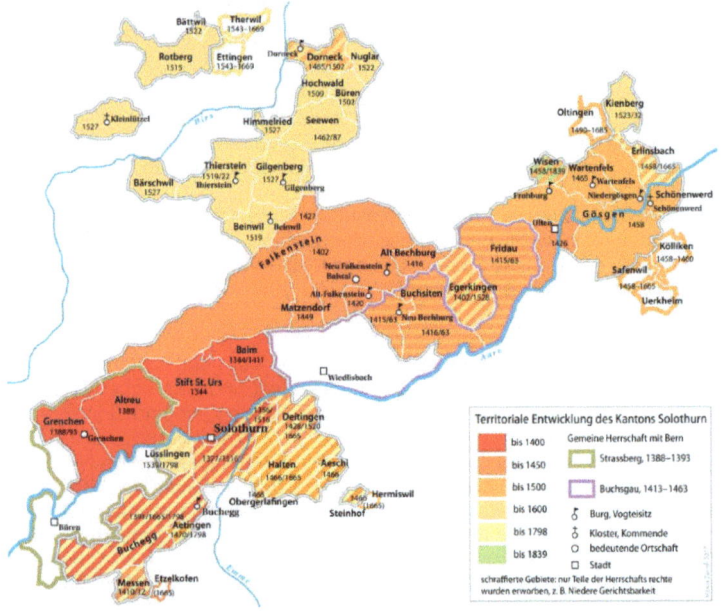

Abb.7 Territoriale Entwicklung des Kantons Solothurn [Wikipedia; Marco Zanoli]

[23] Amiet Bruno, Solothurnische Geschichte, Erster Band, S. 259ff; Staatskanzlei des Kantons Solothurn (1952)

2.8. Pest, Guglerkrieg und die Schlacht von Sempach

Zwischen 1346 und 1353 breitete sich die Pest als Pandemie in Europa aus, die als der "schwarze Tod" rund ein Drittel der damaligen Bevölkerung dahinraffte.
Zu dieser Zeit war der Anschluss der einst hochburgundischen Lande an das Deutsche Reich vollzogen. Das Mittelland vom Boden- bis zum Genfersee gehörte ein und demselben römischen Reich an. "Burgund" war mehr oder weniger ein geografischer Begriff für die Westschweiz.

Dem Niedergang des Adels steht in unseren Landen der Aufstieg der städtischen Gemeinden gegenüber.

Der Zustand der Landgrafschaft Buchsgau in der Mitte des 14. Jahrhunderts ist wohl geeignet, auf engem Raum beispielhaft zu zeigen, wie sehr der Feudalismus in Auflösung begriffen war.

Abb.8 Kestenholz, Kapelle St. Peter und Paul (gebaut zwischen 1422 und 1430). Innenansicht der Ostwand; restauriert 1937, Zustand vor der erneuten Restaurierung 2010. Sockelzone und Apostelzyklus, mit erkennbarem ehemaligem Deckenniveau. Darüber Reste der Wandmalereien mit bemaltem Kreuzgratgewölbe [24]

---

[24] Bertschinger Urs, Kestenholz, Kapelle St. Peter und Paul, neuste Befunde zur Baugeschichte und zu den spätgotischen Chormalereien in: Jahrbücher der Archäologie und Denkmalpflege im Kt. Solothurn. (2014)

Vom Bischof von Basel nahmen die Grafen Johann von Froburg und Rudolf IV. von Nidau (die nun beide als österreichische Landvögte amteten) die Landgrafschaft Buchsgau und die Herrschaften Alt-Bechburg, Falkenstein, Buchsiten, Kestenholz sowie die Stadt Olten zu Lehen. Graf Rudolf von Falkenstein war für kurze Zeit Afterlehensträger des Buchsgaus, Die Edlen von Ifental für alt-Bechburg, die Edelknechte Ulrich und Werner von Falkenstein für Alt-Falkenstein und das Städtchen Klus, teilweise auch Neu-Bechburg, für das auch Henmann von Bechburg Afterlehensträger* war. Die Edlen von Wil bei Oberbuchsiten zuerst und dann die Herren von Grünenberg bei Melchnau nahmen diese Funktion für Buchsiten und Kestenholz im Gäu wahr.[25]
*Als *Afterlehen* bezeichnet man ein Lehen, das der Lehensgeber selbst von einem Lehnsherrn als Lehen empfangen hat und es dann seinerseits ganz oder teilweise an einen nachgeordneten Lehnsnehmer weitergab.

25. November 1375 brach Ingelram (Enguerrand) von Coucy, ein Enkel Herzog Leopolds I., aus dem Elsass auf, um an Basel vorbei mit seinem Heer in drei Säulen in den Jura und über den Pierre Pertuis und die beiden Hauenstein-Pässe in das Aaregebiet einzudringen. Er wollte sich endlich sein Erbe holen, das ihm nach dem Tod seiner Mutter Katharina von den Herzögen von Österreich vorenthalten wurde. – Wegen der spitzen Helme der schwer bewaffneten Söldner Ingelrams nannten diese das Volk "*die Gugler*" (aus dem lat. curcullus). Die "Gugel" war im Hochmittelalter eine kapuzenartige Kopfbedeckung.
Das Elend, das diese Gugler hinterliessen, war anfänglich trostlos: Überall verbrannte Höfe, menschliches Leid, bittere Armut. Einzelne Dörfer erholten sich nicht mehr wie Oberwerd im Gäu sowie Wedelswile und Gurzelen bei Solothurn. Erst allmählich erholte man sich von den guglerischen Schäden.

Als Folge des Guglerkriegs, bei dem mit Graf Rudolf IV. der letzte Nidauer ums Leben kam, fiel die Landgrafschaft Buchsgau an das Haus Tierstein-Farnsburg, das auch die Feste Froburg übernahm Die Stadt Olten wurde als Pfandschaft des Bischofs von Basel an Kiburg gegeben. Neu-Bechburg wurde 1379 von Tierstein-Farnsburg an Kiburg verkauft.

Herzog Leopold III. von Österreich sammelte 1386 ein Heer aus der ganzen süddeutschen Adelswelt und dem Jura, nachdem Luzern ihn zum Kampf herausgefordert hatte. Am 9. Juli kam es in der Nähe von Sempach zur Schlacht ✕, bei dem ihm ein Heer der vier Waldstätte eine schwere Niederlage bereitete und ihm im Kampf den Tod brachte. In der Schlacht fiel auch der letzte Freiherr von Bechburg und an den Folgen der dort erlittenen Verletzungen wahrscheinlich auch der letzte Gösger.[26]

---

[25] Amiet Bruno, Solothurnische Geschichte, Erster Band, S. 274ff; Staatskanzlei des Kantons Solothurn (1952)
[26] Amiet Bruno, Solothurnische Geschichte, Erster Band, S. 284ff; Staatskanzlei des Kantons Solothurn (1952)

2.9. Wachstum des solothurnischen Stadt-staates und die Tagsatzung von 1481

Am 11. August 1402 erwarb die Stadt Solothurn jenen Teil der Herrschaft Neu-Falkenstein, der bechburgisches Erbe gewesen war.

Die Berner andererseits erwarben um 1411 das Lösungsrecht der Herrschaft Bechburg bei Oensingen mit dem Fridauer Amt im unteren Gäu vom Grafen Egon von Kiburg und 1415 vom Basler Konrad von Laufen Burg und Herrschaft Neu-Bechburg-Fridau.

Dieser gemeinen Herrschaft fügte Bern im folgenden Jahr Buchsiten und Kestenholz hinzu, die Wilhelm von Grünenberg an Bern verkaufte.

Solothurn wiederum brachte den Bischof von Basel im August 1426 dazu, die Pfandstadt Olten von der Rheinstadt einzulösen und an Solothurn zu verpfänden. Im selben Monat belehnte der Bischof von Basel die Stadt Solothurn mt den Herrschaften Neu- und Alt-Falkenstein sowie Alt-Bechburg. Verhandlungen mit den Freiherren Hans und Hans Friedrich von Falkenstein kamen zum Ergebnis, dass diese die Landgrafschaft Buchsgau, die schon strak "durchlöchert" war, an Bern und Solothurn verkauften. Im Mai 1427 teilten die beiden Städte nun so, dass Solothurn in der Landgrafschaft im Tal ungeteilt, im Gäu aber gemeinsam mit Bern ausübte. Die Landgrafschaft über die Herrschaft Gösgen, von Trimbach bis Erlinsbach, gaben die Städte den Freiherren von Falkenstein, die jetzt auf Gösgen sassen, zu Lehen. Im November 1427 belehnte der Bischof von Basel die Städte mit dem Buchsgau.[27]

Im März 1458 verkaufte Thomas von Falkenstein die reiche Herrschaft Gösgen um 8200 Gulden an die Stadt Solothurn. Diese übernahm alle Rechte, so den Rest der Landgrafschaft Buchsgau und die Kastvogtei Werd über das rechte Aareufer.
1465 kaufte Solothurn von Adrian von Bubenberg die Herrschaft Wartenfels-Lostorf, über die es seit 1458 das Hochgericht verwaltete.

Es ist darauf hinzuweisen, dass auch die obere oder nördliche Wartburg zwischen Olten und Aarburg durch den Kauf von Gösgen unter solothurnische Hoheit geriet.

Im Frühjahr 1460 verlangte Bern die Aufteilung der gemeinen Herrschaften Bipp und Bechburg unter die zwei Herren. Im Mai 1463 wählte Solothurn Bechburg. Seitdem ragt das bernische Bipperamt in den Kanton Solothurn hinein.

Ende Dezember 1481 nahm die Tagsatzung in Stans das Verkommnis und den Bundesbrief von Freiburg und Solothurn an. Die Freude in Solothurn war

---

[27] Amiet Bruno, Solothurnische Geschichte, Erster Band, S. 304ff; Staatskanzlei des Kantons Solothurn (1952)

gross: Endlich hatte die Stadt einen sicheren und, wie man meinte, ihr entsprechenden Platz im Kreis der Eidgenossenschaft gefunden.[28]

Abb.9 Das Bistum Basel im 15. Jahrhundert [Wikipedia, Rynacher]

2.10. Höhen und Tiefen der Machtpolitik

Anfangs Juni 1513 fand die *Schlacht bei Novara* ⚔ statt, wo die Eidgenossen gegen das französische Heer einen glorreichen Sieg errangen. Es muss jedoch erwähnt werden, dass die in Norditalien erlittenen Verluste trotzdem zu Unmut in der Bevölkerung führten, was dazu führte, dass die Gäuer Landleute am 12. Juli 1513 ihre Forderungen bei der Solothurner Regierung deponierten. In den darauffolgenden Tagen wurden unter anderem der Vogt von Falkenstein, Hans Hugi, abgesetzt. Am 4. August strömten die Bauern

---

[28] Amiet Bruno, Solothurnische Geschichte, Erster Band, S. 361f; Staatskanzlei des Kantons Solothurn (1952)

in Massen vor die Stadt Solothurn. Die Gäuer schwangen dabei die Fahne von Falkenstein.

Anfangs Mai 1514 flackerten die Aufstandsgelüste von neuem auf, als Solothurner Ratsboten den Burgerrechtseid bei den Bauern abnehmen wollten, nach dem die Bauern zu festem Gehorsam verpflichtet werden sollten. Wieder war es das Gäu und die Gegend von Balsthal, die der Obrigkeit mit offene Widerstand begegneten. Am 13. Mai kam ein Vergleich zustande, der den Frieden rettete.

Nach der verheerenden Niederlage der Eidgenossen in der *Schlacht bei Marignano* ✗ Mitte September 1515 begehrte das Landvolk im Gäu heftig die Rückkehr der davongelaufenen Knechte, als diese in französische Kriegsdienste überzulaufen begannen.

Am 29. November 1516 schloss die ganze Eidgenossenschaft mit Frankreich den ewigen Frieden. Damit schliesst das "schweizerische Mittelalter" und geht 1519 in das erste Kapitel der Neuzeit über, die Reformation.[29]

2.11. Reformationswirren - Konzil von Trient

Auf dem solothurnischen Land bildeten sich neugläubige Gruppen, deren Grösse nicht erfasst werden kann. Hauptsächlich fanden sich solche im unteren Kanton in Lostorf, Däniken und Gretzenbach im Jahre 1527, etwa acht Jahre nach der ersten, richtungsweisenden Predigt des Reformators Ulrich Zwingli am Grossmünster in Zürich.

Im Dezember 1529 liess der solothurnische Rat draussen auf dem Land abstimmen, woraus eine eigentlich Bestandesaufnahme der konfessionellen Verhältnisse hervorging.
Folgende Gemeinden der heutigen Bezirke Gäu, Olten und Gösgen verharrten beim alten Glauben: Oberbuchsiten, Hägendorf, Wangen, Olten, Dulliken, Gretzenbach und Trimbach. – Für das reformierte Bekenntnis stimmten in den genannten drei Bezirken Oensingen, Lostorf, Stüsslingen, Obergösgen, Erlinsbach und Kienberg. Wolfwil und Egerkingen waren noch unentschlossen und wollten den Entscheid der Regierung überlassen.[30]

Das *Konzil von Trient* (Tridentinum), das von der römisch-katholischen Kirche als 19. ökumenisches Konzil gerechnet wird, fand zwischen 1545 und 1563 in drei Tagungsperioden (25 Sitzungen) statt. Hauptanlass war die

---

[29] Amiet Bruno, Solothurnische Geschichte, Erster Band, S. 363ff; Staatskanzlei des Kantons Solothurn (1952)
[30] Amiet Bruno, Sigrist Hans. Solothurnische Geschichte, Zweiter Band, S. 15ff; Staatskanzlei des Kantons Solothurn (1976)

Notwendigkeit, auf die Forderungen und Lehren der Reformation zu reagieren.

Als Konsequenz des tridentinischen Konzils brachte das Jahr 1580 gleich eine Reihe von Entscheidungen: **Für die Nachwelt war die Einführung von Tauf- und Ehebüchern von besonderem Wert, damit in Zukunft die Verwandtschaftsgrade bei Eheschliessungen genauer festgestellt werden konnten. Ihnen folgten die Totenbücher.**

Abb.10 Eine Versammlung des Konzils von Trient. Kupferstich von Claudy aus dem Jahr 1565 [epd-bild/akg-image]

In der Fortsetzung der Verordnung über die Führung von Ehebüchern erliess der Rat weitere Mandate über die Eheschliessung; gemäss den Satzungen des Tridentinischen Konzils sollte die Ehe das ganze Jahr hindurch geschlossen werden können, ausgenommen in der Zeit vom 1. Advent bis Dreikönigen, vom Aschermittwoch bis zum 1. Sonntag nach Ostern und in der Pfingstwoche. Ferner sollte sie öffentlich ausgekündigt und eingesegnet werden. Diese Ordnungen des Jahres 1582 mussten im Jahre 1593 wiederholt werden, wobei noch hinzugefügt wurde, dass das Eheversprechen vor Zeugen abgelegt werden solle.

Bei der Einschränkung der Bürgeraufnahmen in den Jahren 1581 und 1588 wurde auch das Bürgerrecht genau umschrieben: Bürger war derjenige, dessen Vater bereits beeidigter Bürger und zünftig war, und er musste sich einen Harnisch, kurze Wehr und einen Feuereimer (!) zulegen.

2.12. Die solothurnische Landschaft im gegenreformatorischen Zeitalter

Im 16. und 17. Jh. wurde das erworbene Territorium durch die Zentralisation der Landschaftsverwaltung gefestigt. Die lokale Selbstverwaltung mit u.a. Gemeindeversammlung und Gerichtssässen wurde belassen, die Abgabe der Zehnten und Bodenzinsen, das Gerichts- und Wehrwesen aber der Aufsicht der Vögte unterstellt. Die Ausführung der Anordnungen in den Dörfern wurde den Ammännern bzw. Untervögten und den Weibeln übertragen. Um lokale Sonderrechte zu beseitigen, wurde 1604 das neu kodifizierte Solothurner Stadtrecht auch für die Landschaft verbindlich erklärt. Einzig dem Städtchen Olten bestätigte die Obrigkeit vorerst noch sein altes Stadtrecht. [31]

Um in der verwirrenden Vielfältigkeit der Verteilung der Bodenzinse die Übersicht nicht zu verlieren, sah sich die Regierung, wie übrigens alle grösseren Bodenbesitzer, gezwungen, genaue Verzeichnisse der ihr zinspflichtigen Güter anzulegen: die sogenannten **Urbare**. Sie basieren theoretisch noch auf den ursprünglich geschlossenen Bauerngütern, die die einzelnen Bodenzinse trugen, den sogenannten *Schupposen*. [32]

Der solothurnische Stadtstaat bewahrte im 16. Jh. das Gepräge eines überwiegend bäuerlichen Landes. Es war relativ dünn besiedelt – schätzungsweise um 25'000 Einwohner. In fruchtbaren Jahren reichten die Erzeugnisse der Felder und die Viehzucht aus, um das Volk genügend zu ernähren, ja sogar Überschüsse nach auswärts auszuführen.

Von Neuerungen in der Bewirtschaftung des Landes ist jedoch selten die Rede. Im 16. Jh. wurden im Gäu Korrektionen an der Dünnern und Bewässerungsanlagen für die Weiden angelegt. Die Stadt Olten ging hier gegen den Protest der Gäudörfer voran. Als diese den Nutzen sahen, folgten sie nach. – Um 1598 mussten die Getreideernten in den Vogteien Bechburg und Gösgen jedenfalls recht ergiebig gewesen sein, so dass in diesem Jahre in Olten ein neuer Kornmarkt errichtet werden konnte.

Die Masse der städtischen Bevölkerung und eine Minderheit auf dem Land lebten vom Handwerk. Die Handwerker der Stadt waren spätestens seit dem 14. Jh. in Zünften organisiert. Neben der Bruderschaft der Glaser in der Klus vereinigten sich im Jahre 1592 aber auch die Weber in der Vogtei Bechburg und schon 1575 die Schneider in den Vogteien Falkenstein, Bechburg, Olten und Gösgen.

---

[31] Historisches Lexikon der Schweiz, Band 11, S. 587ff (2012)
[32] Amiet Bruno, Sigrist Hans. Solothurnische Geschichte, Zweiter Band, S. 124/139/ 169; Staatskanzlei des Kantons Solothurn (1976)

Im Zuge der katholischen Reform hatte die Zahl der Dorfschulen nach 1579 kräftig zugenommen: Oensingen, Niederbuchsiten, Kestenholz, Olten Lostorf, Gösgen sind unter anderen als Schulorte bekannt.[33]

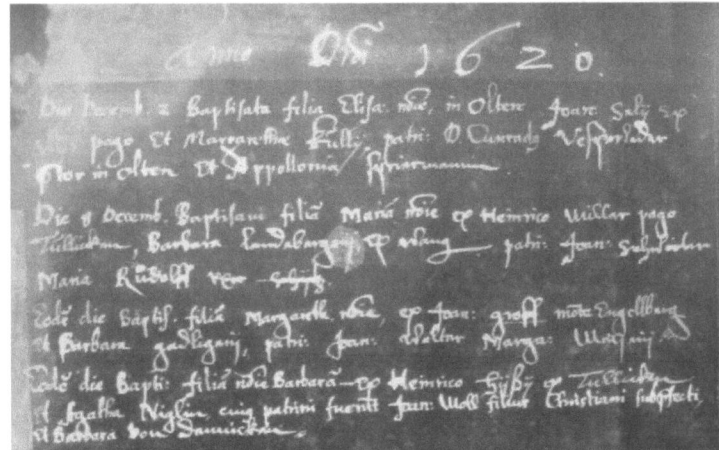

Abb.11 Auszug aus dem Pfarrbuch von Starrkirch-Dulliken aus dem Jahre 1620, also zwei Jahre nach Beginn des 30-jährigen Krieges: Unten Mitte-rechts ist der Name "Joan Moll" zu finden, der eine Sohn des damaligen Dulliker Unter-vogts Christian Moll war.

2.13. Der Dreissigjährige Krieg

Der Dreissigjährige Krieg (1618-1648) ist an dieser Stelle vor allem deshalb erwähnenswert, weil Tausende von Schweizern auf Frankreichs Seite gekämpft hatten. Solothurner sollen es 17 Kompanien oder um die 4000 Mann (bei einer Gesamtbevölkerung von rund 30'000 Einwohnern des Kantons!) gewesen sein.

Dieser Kampf fand zwischen dem habsburgischen Österreich und dessen mehrheitlich katholischen Verbündeten, dem deutschen Reich und dem ebenfalls habsburgischen Spanien, auf der einen Seite, sowie dem katholischen Frankreich mit den protestantischen Reichsfürsten, den Niederlanden und Schweden auf der anderen Seite statt. – Es ging dabei unter anderem um die religiöse Zwietracht zwischen katholischen und protestantischen Christen und den Kampf um die europäische Vorherr-schaft.[34]

---

[33] Amiet Bruno, Sigrist Hans. Solothurnische Geschichte, Zweiter Band, S. 182ff/199; Staatskanzlei des Kantons Solothurn (1976)

[34] Historisches Lexikon der Schweiz, Band 3, S.795 (2004)

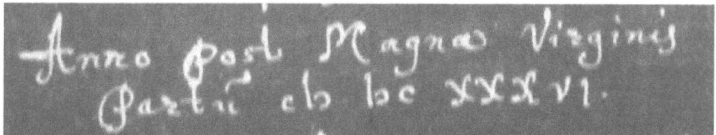

Abb.12 Auszug aus dem Pfarrbuch von Starrkirch-Dulliken aus dem Jahre 1636, also zwölf Jahre vor dem Ende des 30-jährigen Krieges:

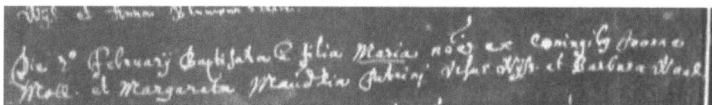

Abb.13 Eingetragen ist die Taufe der Tochter von Johann Moll und Margaretha Mauderli am 2. Februar 1636.

Der am 24.10.1648 abgeschlossene *Westfälische Frieden* beendete nach vierjährigen Verhandlungen in Münster und Osnabrück den Dreissigjährigen Krieg. Er bestand aus einem Friedensvertrag zwischen dem Kaiser und Frankreich (Frieden von Münster) und einem weiteren zwischen dem Kaiser und Schweden (Frieden von Osnabrück).[35]

Das Ende des Dreissigjährigen Krieges zeichnete sich in der Schweiz unter anderem durch die Loslösung der Eidgenossenschaft vom Deutschen Reich aus.

Nach dem Ende dieses Kriegs wanderten solothurnische Familien zu Hunderten in die verwüsteten und ihrer Bevölkerung weitgehend entblössten Dörfer des Elsass und der Pfalz aus. – Andererseits trieb der Krieg vor allem aus Deutschland viele Flüchtlinge in die Schweiz.

Viele deutsche Flüchtlinge, die sich während des Krieges in der friedlichen Schweiz niedergelassen hatten, kehrten jedoch auch wieder heim, und ihnen zogen zahlreiche Schweizer Bauern nach, da in den vorübergehend verödeten Tälern am Südhang des Schwarzwaldes, im Bistum Basel, später vor allem auch in der Pfalz, Heimwesen um wenig Geld käuflich waren.[36]

2.14. Der Bauernaufstand des Jahres 1653

Die nach dem Dreissigjährigen Krieg verfügte Abwertung der Berner, Solothurner und Freiburger Handmünzen (Batzen, deshalb auch "Batzenkrieg") im Dezember 1652 löste bei den ländlichen Untertanen verschiedener eidgenössischer Städteorte Widerspruch und Klagen aus.

---

[35] Historisches Lexikon der Schweiz, Band 13, S.420 (2014)
[36] Amiet Bruno, Sigrist Hans. Solothurnische Geschichte, Zweiter Band, S. 244/266/328; Staatskanzlei des Kantons Solothurn (1976)

In der ersten Märzwoche 1653 wurde das Herrschaftsgebiet der Stadt Bern von der Rebellion erfasst, etwas später folgten auch die Hoheitsgebiete der Städte Solothurn und Basel.

Abb.14   Am 17. Dezember des Jahres, in dem der Bauernaufstand stattfand, wurde Kaspar, der Sohn von Kaspar und Anna Moll getauft. Auszug aus dem Pfarrbuch von Starrkirch-Dulliken aus dem Jahre 1653.

Der Konflikt erreichte am 14.Mai eine weitere Eskalationsstufe. An diesem Tag besammelten sich Vertreter der Untertanen von Luzern, Bern, Solothurn und Basel in Huttwil zu einer weiteren Landsgemeinde und schlossen einen dritten "Bauernbund".[37]

Adam Zeltner, 1605 im Nachbardorf Niederbuchsiten geboren, war im Alter von 35 Jahren durch Heirat in die Schälismühle in Oberbuchsiten gekommen. 1642 ernannte die Regierung den Mann aus dem Landvolk zum Untervogt für fünf Gemeinden im solothurnischen Gäu.

Als Wortführer der solothurnischen Aufständischen im Bauernkrieg wählte die Bauernversammlung in Olten Adam Zeltner am 20.4.1653 zum Landeshauptmann. Er vertrat die Haltung, die Landbevölkerung sei mit der Obrigkeit zufrieden, es gelte jedoch, den Durchmarsch fremder Soldaten durch die Besetzung der Jurapässe zu verhindern. Damit verkannte Zeltner das Ausmass der bäuerlichen Unzufriedenheit und wurde von radikalen Aufständischen angefeindet, behielt jedoch seine Führungsrolle.

Unter eidgenössischem Druck lieferte die Solothurner Obrigkeit Zeltner nach Zofingen aus, versuchte jedoch, seine Hinrichtung zu verhindern. Er wurde jedoch am 2. Juli 1653 in Zofingen mit dem Schwert hingerichtet. Das exemplarische Urteil des eidgenössischen Strafgerichts stand in keinem Verhältnis zu Zeltners Rolle im Bauernkrieg, vielmehr diente es der Demütigung Solothurns durch Bern und Zürich.[38]

---

[37] Historisches Lexikon der Schweiz, Band 2, S.90ff (2003)
[38] Historisches Lexikon der Schweiz, Band 13, S.679 (2014)

Mit dem unglücklichen Ausgang des Bauernkrieges war der letzte spürbare Widerstand des Landvolkes gegen die städtische Herrschaft erloschen; ungefähr gleichzeitig fand sich aber auch der gewöhnliche Bürger in der Stadt endgültig mit der patrizischen Bevormundung ab.[39]

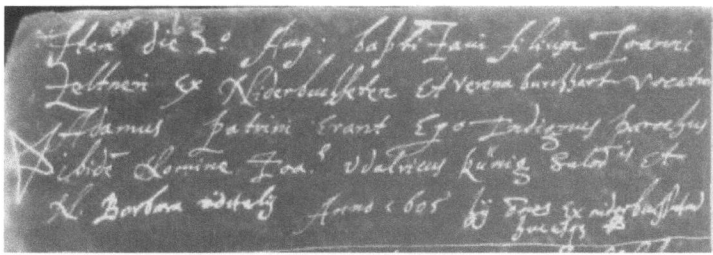

Abb.15 Eintrag im Verzeichnis der Ehen der Pfarrei Starrkirch-Dulliken: Urs Moll von Dulliken heiratet am 13. Januar 1749 Anna Maria Zeltner von Niederbuchsiten. Durch diese Vermählung wurden die Nachfahren von Urs Moll und somit auch der Autor Bürger von Niederbuchsiten.

Es sei an dieser Stelle erwähnt, dass eine Nachfahrin von Adam Zeltner, nämlich Anna Maria Zeltner, knapp 100 Jahre später, am 13. Januar 1749, Urs Moll aus Dulliken geheiratet hat, womit letzterer das Niederbuchsiter Bürgerrecht erhalten hat. Urs Moll ist somit der "Urvater" der Niederbuchsiter Moll.

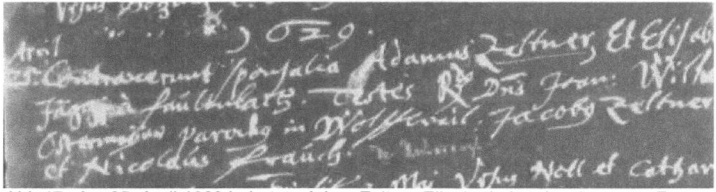

Abb.16 Am 2. August 1605 wurde Adam Zeltner getauft.

Abb.17 Am 25. April 1629 heiratete Adam Zeltner Elisabeth Jäggi, seine erste Frau.

---

[39] Amiet Bruno, Sigrist Hans. Solothurnische Geschichte, Zweiter Band, S. 518; Staatskanzlei des Kantons Solothurn (1976)

Abb.18 Adam Zeltner (1605-1653); Porträt im historisierenden Stil von Johann Gotthard Müller, um 1800 (Historisches Museum Basel).

Die zeitgenössischen Porträts rücken die Bauernkriegsführer in der Regel in ein negatives Licht, die späteren stellen sie als zu Unrecht verurteilte Volkshelden dar. Die Hintergrundszene verweist auf Adam Zeltners Enthauptung in Zofingen.[12]

2.15. Territoriale Bereinigungen, ungleiche Besitz- und Einkommensverhältnisse sowie eine erste Volkszählung

Bischof Johann Konrad von Roggenbach verlangte 1664, dass von Solothurn die längst verjährte Anerkennung seiner Oberlehensherrlichkeit über die Landgrafschaft Buchsgau endlich wieder anerkannt wurde, obwohl diese praktisch schon seit über zwei Jahrhunderten in solothurnischem Besitz war. Solothurn weigerte sich, konnte indessen die formalrechtliche Begründung der bischöflichen Ansprüche nicht widerlegen, so dass es zu jahrelangen hartnäckigen Auseinandersetzungen kam. Schliesslich einigte man sich 1669 nach dem Vorbild des vier Jahre vorher mit Bern abgeschlossenen Wyniger Vertrages auf einen Abtausch: Der Bischof verzichtete endgültig auf seine Lehenshoheit im Buchsgau, dagegen gab Solothurn seinerseits endgültig seine allerdings nie voll durchgesetzten Ansprüche auf die Dörfer Therwil und Ettingen preis.

Praktisch konnte mit den genannten Ausscheidungen der zweiten Hälfte des 17. Jahrhundert die territoriale Entwicklung des Kantons als definitiv abgeschlossen gelten: Von da an bestand er in den Grenzen, die sich, von kleineren modernen Korrekturen abgesehen, bis in die Gegenwart erhalten haben.

Abb.19 Auszug aus dem Pfarrbuch von Egerkingen-Härkingen aus dem Jahre 1685: Verzeichnet ist die Taufe von Christian, Sohn von Christian Moll und Barbara Gomerkinger. Dieser Familienname ist leider ausgestorben.

Im Lauf des 17. Jahrhunderts spitzten sich auch auf dem Land die Gegensätze zwischen arm und reich zu. Einer zahlenmässig kleine Schicht von reichen Grossbauern, Wirten und Müllern stand eine wachsende Masse von ärmlichen Kleinbauern, bedürftigen Taglöhnern und mehr oder weniger dauernd Arbeitslosen gegenüber, die in kärglichen Verhältnissen lebten und sich kaum noch für etwas anderes interessierten als für die Befriedigung der unentbehrlichsten Existenzbedürfnisse.[40]

Bei durchschnittlichen Einkommen von 4000 heutigen Franken für ungelernte Taglöhner, 5000 Fr. für gewöhnliche Arbeiter und 6000 Fr. für Spezialarbeiter erhalten die ständigen Ermahnungen der Obrigkeit zu einem mässigen und bescheidenen Leben einen sehr realistischen Hintergrund. Der kleine Bürger und Bauer lebt im allgemein überaus einfach, bezahlte für

---

[40] Amiet Bruno, Sigrist Hans. Solothurnische Geschichte, Zweiter Band, S. 436f/519f; Staatskanzlei des Kantons Solothurn (1976)

die Wohnung praktisch nichts und machte Anschaffungen von Kleidern und Möbeln höchst selten. Besonders die Alten, Witwen und Waisen standen vielfach vor der nackten Not; entsprechend häufig findet sich denn auch in den amtlichen Akten die trockene Bemerkung "ist völlig mittellos".

Im Jahre 1692 wurde erstmals eine Volkszählung durchgeführt, die offenbar als Grundlage für weitergehende Massnahmen militärischer und wirtschaftlicher Natur dienen sollte.

Für Falkenstein und Bechburg wurde eine Zahl von 35 Einwohnern pro Quadratkilometer ermittelt, für Gösgen gar nur 31. – Ausgeglichener erscheint das Bild allerdings, wenn man statt auf die Fläche auf die Zahl der Ortschaften abstellt: Hier bewegte sich mit wenigen Ausnahmen im Durchschnitt die Einwohnerzahl der einzelnen Dörfer fast überall zwischen 250 und 300.[41]

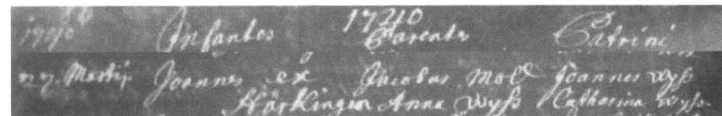

Abb.20 Auszug aus dem Pfarrbuch von Egerkingen-Härkingen aus dem Jahre 1740: Man erkennt den Eintrag der Taufe von Johann, Sohn des Jakob Moll und der Anna Wyss von Härkingen, am 27. März 1740.

2.16. "Ancien Régime"

Bis zum Ende des sogenannten "Ancien Régime", der Zeit des französischen Absolutismus vor der Revolution von 1789, stand der aristokratischen Führungsschicht die Mehrheit der politisch entmachteten Bürger gegenüber. Umso nachdrücklicher beharrten die Handwerker und Gewerbetreibenden auf ihren materiellen Nutzungsrechten und begrüssten die seit 1581 mehrmals angehobenen Einkaufstaxen sowie 1682 die Schliessung des Bürgerrechts. Das bewahrte sie vor der Schmälerung ihrer wirtschaftlichen Vorrechte und der Konkurrenz unwillkommener Zuzüger, und es liess sie ihre politische Zurücksetzung eher verschmerzen.

Erst im späten 18. Jh. äusserte sich vereinzelt bürgerliche Kritik an der ständigen Ungleichheit des Ancien Régime. Eine kleine Bevölkerungsgruppe bildeten die Hintersässen. Da sie keine Stadtbürger waren, blieben sie von den politischen Rechten ausgeschlossen, hatten aber teil an den Bürgernutzen.[42]

---

[41] Amiet Bruno, Sigrist Hans. Solothurnische Geschichte, Zweiter Band, S. 532f; Staatskanzlei des Kantons Solothurn (1976)
[42] Historisches Lexikon der Schweiz, Band 11, S. 587ff (2012)

2.17. Französische Revolution, Helvetik und Mediation

Nach den politischen Umwälzungen in Frankreich ab 1789, welche die solothurnische Führungsschicht als Bedrohung empfand, nahm Solothurn zahlreiche französische Emigranten auf, verweigerte aber den diplomatischen Vertretern des revolutionären Frankreich die Anerkennung. Das führte 1792 zur Verlegung der Ambassade nach Baden. Die französische Besetzung des Fürstbistums Basel zwang Solothurn zur Sicherung der Nordgrenze und offenbarte die militärischen Schwäche der Stadtrepublik. Zudem traf die Entlassung der französischen Schweizerregimenter nach dem Tuileriensturm das Solddienstpatriziat empfindlich. Bereitschaft zu politischen Reformen bekundeten die Räte erst im Februar 1798.

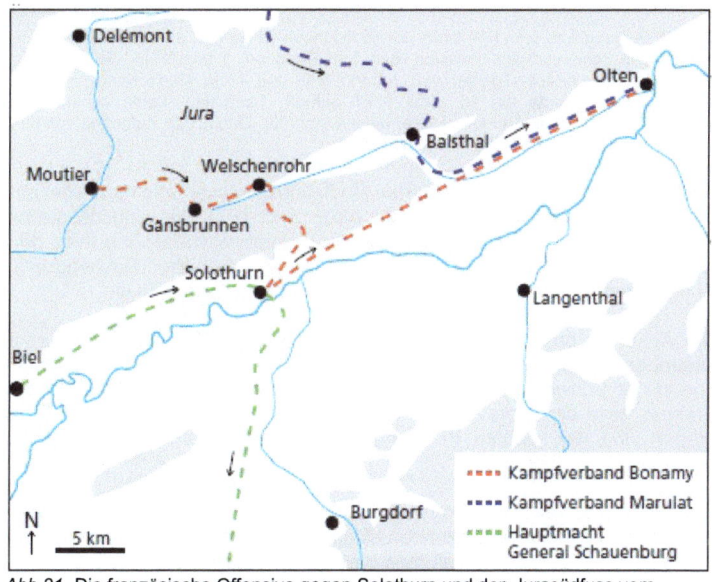

Abb.21 Die französische Offensive gegen Solothurn und den Jurasüdfuss vom 1.– 4. März 1798 erfolgte aus drei Richtungen.[43]

Gleichzeitig gingen sie mit Unterstützung der Landbevölkerung gegen die in Solothurn und Olten entstandenen Patriotenzirkel vor. Nach der Kapitulation Solothurns vor den französischen Revolutionstruppen am 2.3.1798 setzte

---

[43] Backman Ylva, Fankhauser Andreas, Lanz Christian, Gräber in Welschenrohr aus der Zeit des Franzoseneinfalls; in: Jahrbücher der Archäologie und Denkmalpflege im Kt. Solothurn. (2015)

General Alexis Balthasar Henri Antoine von Schauenburg am 3. März eine provisorische Regierung ein, die nach der Verfassungsabstimmung und den Ur- und Wahlversammlungen im April die Amtsgeschäfte der Verwaltungskammer und dem Regierungsstatthalter übergab. Die elf Vogteien wurden durch die fünf Distrikte Solothurn, Biberist, Balsthal, Olten und Dornach ersetzt. Bei der katholischen Bevölkerungsmehrheit stiess vor allem die helvetische Kirchenpolitik auf Ablehnung. Die Aushebungen für die Milizarmee 1799 hatten in sämtlichen Distrikten Unruhen zur Folge. 1801-02 rangen Unitarier und Föderalisten erbittert um die Ausgestaltung der künftigen Kantonsverfassung.

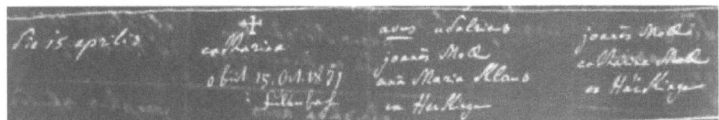

Abb.22 Auszug aus dem Pfarrbuch von Egerkingen-Härkingen aus dem Jahre 1797, ein Jahr vor der Invasion der französischen Truppen in die Schweiz: Katharina Moll, Tochter von Johann Moll und Anna Maria Klaus von Härkingen, wurde am 15. April 1797 getauft. Taufpaten waren Johann und Katharina Moll. Der Grossvater hiess Ulrich (lat. Udalricus). Katharina verstarb offenbar am 15.10.1871 in Fulenbach.

Unter der am 10.3.1803 eingeführten Mediationsakte war Solothurn einer der Direktorialkantone und beherbergte 1805 und 1811 die eidgenössische Tagsatzung. Das Solothurner Kapitel der Mediationsverfassung teilte den Kanton in die neun Oberämter Solothurn, Lebern, Bucheggberg, Kriegstetten, Balsthal, Olten, Gösgen, Dorneck und Thierstein ein.

Der Ausbruch des indonesischen Vulkans Tambora 1815 führte im darauf folgenden Jahr in Europa und Nordamerika zu einem "Jahr ohne Sommer" und in der Schweiz zu einer schweren Hungerkrise. Dieses katastrophale Ereignis zeigt eindrucksvoll, wie Naturgewalten unser Leben auf der Erde prägen und wie globale Klimaänderungen das gesellschaftliche Leben beeinflussen können.[44]

Nach dem Sturz der Mediationsregierung und der Unterdrückung des Oltner Aufstands traten die noch lebenden Mitglieder der vorrevolutionären Räte als provisorische Exekutive zusammen und führten nach einem ersten Versuch im Juli am 17.8.1814 eine neue Verfassung ein. Im 101-köpfigen Grossen Rat verfügte die Landschaft bloss über 33 Sitze, in dem aus der Mitte des Grossen Rats gewählten Kleine Rat waren es vier von 21.

---

[44] http://www.focusterra.ethz.ch/sonderausstellungen/archiv/tambora-und-das-jahr-ohne-sommer.html

Abb.23 Der Ausbruch des indonesischen Vulkans Tambora im Jahre 1815, der im Folgejahr auch in der Schweiz zu einer schweren Hungersnot führte; gemalt von Rob Wood. [Quelle: ETHZ, focusTerra]

Auf eidgenössischer Ebene gehörten die Solothurner Liberalen ab 1830 zu den treibenden Kräften bei der Schaffung des Bundesstaats. 1832 gehörte der Kanton Solothurn dem sogenannten Siebnerkonkordat (sicherheitspolitische Vereinbarung unter den liberalen Kantonen) an und sowohl die Solothurner Tagsatzungsgesandten wie der Grosse Rat setzten sich 1833 für die gescheiterte Bundesreform ein.

Im Aargauer Klosterstreit enthielten sich die Solothurner Tagsatzungsgesandten zunächst der Stimme und drängten dann auf einen Kompromiss, weil Munzinger die Bundesreform nicht durch einen Religionskonflikt gefährden wollte. An der Agitation gegen die Jesuiten und an den beiden Freischarenzügen beteiligten sich Solothurner, darunter auch Regierungsvertreter und hohe Amtspersonen, an vorderster Stelle, während die Regierung sich passiv verhielt und unwissend stellte. 1847 gehörte Solothurn zur Mehrheit der zwölf Kantone, welche die Auflösung des Sonderbunds beschloss und vollzog. Bei den Verhandlungen um die Ausgestaltung des neuen Bundes spielte Munzinger, der auf einen Ausgleich von föderalistischen und zentralstaatlichen Elementen setzte, eine entscheidende Rolle. In der Volksabstimmung wurde die Bundesverfassung von 1848 mit einer Zweidrittelsmehrheit angenommen.

2.18. Neuere Geschichte

Wegen der späten Industrialisierung erreichte der Kanton Solothurn nicht oder nur vorübergehend die Bevölkerungsdichte der Nachbarkantone

Aargau und Basel-Landschaft. Nach der Krise der 1850er Jahre akzentuierte sich die ungleiche Bevölkerungsentwicklung der Regionen. Die sechs Industrieregionen des Kantons, ab 1860 die Bezirke Lebern, Solothurn, Kriegstetten und Olten, ab 1888 die Bezirke Thal und Gösgen, wurden zu Wachstumspolen, in denen es auch ausserhalb der drei Städte Solothurn, Olten und Grenchen zu stadtähnliche Verdichtungen kam. Hingegen erlitten ländliche Gegenden wie der Bucheggberg Bevölkerungsverluste, und das überkommene Dorfbild blieb dort weitgehend intakt.

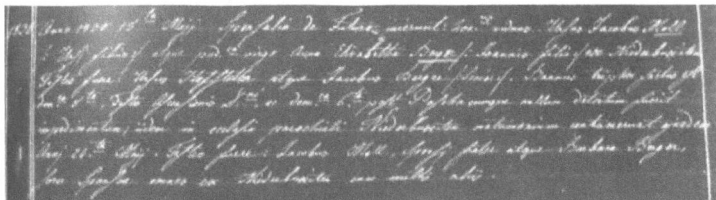

Abb.24 Auszug aus dem Pfarrbuch von Ober- und Niederbuchsiten aus dem Jahre 1830: Am 15. Mai vermählten sich Witwer Urs Jakob Moll, Sohn des Urs, und Anna Elisabeth Berger. Trauzeugen waren Jakob Moll, der Bruder des Bräutigams und Barbara Berger, Schwester der Braut.

Das änderte sich mit der Hochkonjunktur nach dem 2. Weltkrieg. Sie löste einen Bauboom aus und führte zu zunehmender Mobilität sowie Zersiedelung der Landschaft. Die Deindustrialisierung im Bezirk Thal im letzten Viertel des 20. Jh. versuchten lokale Kräfte und der Kanton durch die Umwandlung der Region in einen 2010 vom Bund anerkannten Naturpark teilweise zu kompensieren.

In der Regenerationsbewegung stieg eine neue kleinstädtische und ländliche Oberschicht ziemlich rasch in führende Stellungen in Staat und Gesellschaft auf und verdrängte dort, von einzelnen Ausnahmen abgesehen, die alteingesessenen Patrizierfamilien. Diese meist aus gewerblichen Kreisen stammenden Männer trugen ab der Mitte des 19. Jh. auch den industriellen Aufschwung oder rückten wie etwa die beiden Oltner Josef Munzinger als Bundesrat und Johann Jakob Trog als Zentralbahndirektor in höchste Stellungen in Politik und Wirtschaft vor.

Bis zu Beginn des 1. Weltkriegs nahm der Anteil der ländlichen Haushalte, die von der Industriearbeit lebten, markant zu: Im Bezirk Thal und Lebern siedelte sich die Uhrenindustrie an, rund um die Industriezentren rekrutierte man billigere, weil z.T. noch selbstversorgende Arbeitskräfte vom Land und transportierte sie mit Arbeiterzügen in die Fabrik. 1885-1915 vervierfachte sich die Zahl der dem eidg. Fabrikgesetz unterstellten Lohnarbeiter. Die sich in der Hochkonjunktur nach dem 2. Weltkrieg fortsetzende Industrialisierung mit 56% Industriebeschäftigten 1973 führte auch zu einem Anwachsen der ausländischen Bevölkerung sowie zu einer zunehmenden Verstädterung und Suburbanisierung um die Zentren Olten, Solothurn und Grenchen, gegen Ende des 20. Jh. auch um die ländliche Zentren Oensingen, Breitenbach und Dornach.[45]

3. Ortschaften mit grosser Bedeutung in der Moll'schen Familiengeschichte

Nachdem im Kapitel 2 das geschichtliche Umfeld beleuchtet wurde, in dem sich die Teilstämme der Moll'schen Namensträger entwickelt haben, geht es im vorliegenden Kapitel darum, die Geschichte der Moll-Familien in den einzelnen Ortschaften, in denen diese vor dem Jahre 1800 eingebürgert und hauptsächlich wohnhaft waren, aus der Nähe zu betrachten.

3.1. Dulliken und Starrkirch-Wil

Die beiden eigenständigen politischen Gemeinden waren lange Zeit dadurch verbunden, dass Dulliken kirchlich der Pfarrei Starrkirch angeschlossen war. Es besass aber mit der Sankt-Nikolaus-Kapelle seit dem Mittelalter ein eigenes Gotteshaus, das jedoch 1887 abgerissen wurde. Der Kulturkampf führte 1872 zur Aufspaltung der katholischen Gemeinde Starrkirch-Dulliken in eine christkatholische und eine römisch-katholische Kirchgemeinde. Die Christkatholiken besuchen den Gottesdienst weiterhin in Starrkirch. Für die Bewohner der römisch-katholischen Glaubensrichtung wurde 1876 die Kirche Sankt Wendelin in Dulliken eingeweiht, die 1972 einem modernen Neubau weichen musste. Bis und mit 1875 wurden die Einträge betreffend die Taufen, Eheschliessungen und Todesfälle für die Einwohner von Dulliken und Starrkirch-Will in denselben Pfarrbüchern vorgenommen.

3.1.1. Personen im Laufe der Zeit

Die erste urkundliche Erwähnung des Ortes Dulliken erfolgte bereits im Jahr 893 unter dem Namen *Tullinchoua*, 924 als *Tullinchova*. Später erschienen die Bezeichnungen *Tullichon* (1173), *Tullikon* (1294), *Tullenkon* (1317), *Tulliken* (1412) und *Dullicken* (1525). Der Ortsname geht auf den althochdeutschen Personennamen *Tullo* zurück.

Der Name „Starrkirch" beweist, dass hier ein alemannischer Edler, der wahrscheinlich den Namen Starcho trug, auf seinem Boden eine Kirche gründete.[46]

---

[45] Historisches Lexikon der Schweiz, Band 11, S. 587ff (2012)
[46] Amiet Bruno, Solothurnische Geschichte, Erster Band, S. 161; Staatskanzlei des Kantons Solothurn (1952)

Abb.25 Der solothurnische Bezirk Olten mit seinen Gemeinden
        [Wikipedia, Tschubby]

In einem Schreiben aus dem Jahre 1514 waren 31 Männer als Bürger von Dulliken angegeben, darunter aber kein einziger Moll.

In einem Steuerrodel von Dulliken (Quelle: "Correspondenz und acten Buch Basel von 1530 bis 1550"; Staatsarchiv Solothurn) war in "Tulliken" immer noch kein steuerpflichtiger Moll zu finden.

Im Jahre 1589 hatte dann der Schultheiss von Olten eine Liste der 12 wehrfähigen Bürger zuhanden des Rates aufzustellen; auch auf dieser Liste war noch kein Moll zu finden.[47]

---

[47] Walter Lukas, Dulliken im Spiegel seiner Vergangenheit, S.66; Walter-Verlag, Olten (1966)

Aus dem Verzeichnis der Lehen und Zinsgüter zu Dulliken im Urbar des Stiftes St. Leodegar in Schönenwerd, Nr. 41, fol. 192-261, aus dem Jahre 1599 ist folgendes zu entnehmen:

"*Adam Moll* als ein träger gibt jahrlich von den guetern, so hievor Heini Hüsi verzinset hat: (es folgt dann eine Aufzählung)

"*Adam Moll* gibt wyters von sinen guetern und einem pfrundlächen, so vorhin Heini Wahl oder Kollbrunnen gegeben hat: Der Stift Schönenwerd: an gellt acht schilling."

"Dry jucharten, der Geerackher, stosst bysenhalb an *Adam Mollen* Bodenackher, ..."

"Mehr zwo jucharten in der Oberey, stosendt sonnenhalb an Hanns Niggli, mittnachthalb an d'Aaren, bysenhalb hat Adam Moll, ..."

Adam Moll wird noch weitere 104 Mal (!) im Urbar von Schönenwerd erwähnt, ausser ihm jedoch kein anderer Moll.

1599 empfahl Ludwig Ziegler, der Schultheiss von Olten, dem Rat, anstelle von Caspar Meyer entweder *Adam Moll*, Heini Wahl oder den Weibel Benedikt Niggli als neuen Untervogt zu wählen. Caspar Meyer wurde dann zwar dennoch im Amt bestätigt, der Rat musste sich aber in den folgenden Jahren immer wieder mit ihm befassen.

Auszug aus dem "Kellerbuoch in Schönenwerth, folio 60, vom 29.10. 1612": "Mehr ein jucharten, ligt neben der Saalmatten, bysenhalb an *Christen Mollen.*"

Im Jahre 1616 wurde dann *Christian Moll* zum neuen Untervogt ernannt. Er amtete bis ins Jahr 1642. Untervogt wurde gewöhnlich einer der reichsten und angesehensten Bauern. In Dulliken war er Gerichtsvorsteher und Dorfamman zugleich. Das Amt eines Untervogts in einem Gericht war ein Ehrenamt, zu dem die Regierung nur die Ehrenfarb, das heisst das Amtskleid, schenkte.

Während des dreissigjährigen Krieges war der Oltner Schultheiss im Jahre 1629 aufgefordert worden, die Anzahl der Musketiere in seinem Amt zu melden. Unter den vier Männern aus seinem Amtsgebiet fand sich u.a. ein *Urs Moll* von Dulliken.[48] Höchstwahrscheinlich war dieser einer der drei Söhne des Untervogts *Christian Moll.*

1665 haben *Hans (Johann) Moll* und Margaret Mauderlin für ihre *Kinder Wilhelm, Urs, Caspar und Barbara* ein ewiges Jahrzeit gestiftet.

---

[48] Walter Lukas, Dulliken im Spiegel seiner Vergangenheit, S.69ff; Walter-Verlag, Olten (1966)

1670 hat "*Hanss Moll* für seine seel heil ein ewiges jahrzeit mit einer hl. Messe gestifftet." (aus dem Jahrzeitenbuch der Kirche St. Peter und Paul in Starrkirch)[49]

"Anno 1687. Barbara Moll hat ein jahrzeit gestifftet mit eine heiligen mess fir sie, auch fir ihro vatter Henric Moll und mutter Anna Senn wie auch ihro geschwisteren und bruder Hans Moll, Anna Moll, Maria Moll, Margaretha Moll, welche geben hat der kirchen 20 gl. Von dem zins für die heilige mess einem pfahrheren 9 bz, der kirchen 4 bz, denen armen 6 kreitzer, dem sigrist 2 kreitzer; verzinset Hans Moll uff's Catharina tag."

Abb.26   Feuereimer mit der Aufschrift "Jakob Moll von Dulliken – 1723"[50]

---

[49] Walter Lukas, Dulliken im Spiegel seiner Vergangenheit, S.306 / 354ff / 377; Walter-Verlag, Olten (1966)

[50] Walter Lukas, Dulliken im Spiegel seiner Vergangenheit, S.72 / 316; Walter-Verlag, Olten (1966)

Ein Getreidemangel führte im Jahre 1699 dazu, dass die Vögte ein Verzeichnis der in ihren Gebieten vorrätigen verkäuflichen Frucht aufnehmen mussten. In Dulliken-Starrkirch waren bei drei namentlich genannten Moll folgende Vorräte vorhanden:

Urs Moll   5 Malter Korn, 4 Mütt Roggen
Casper Moll   2 Malter Korn, 3 Mütt Roggen
Hansli Moll   2 Malter Korn, 10 fl Roggen

Anfangs des 18. Jh. hat der Dulliker Bürger *Caspar Moll* auf sein Gesuch hin vom Rat die Erlaubnis erhalten, mit Getreide zu handeln. Als er dies jedoch auch drei Jahre später noch tat, warf ihm die Regierung vor, er habe zum Fruchthandel keine Bewilligung der Fruchtkommission besessen. In diesem Zusammenhang beschwerte sich nun der Schultheiss von Olten wegen Caspar Moll, der in der Amtei Olten, wie übrigens auch im Gösgeramt und im Gäu, fast alle Frucht bei den Bauern aufgekauft habe. Es wurde ein Verzeichnis der von Caspar aufgekauften Früchte im Schultheissenamt Olten aufgekauft hat. In diesem ist u.a. auch ein Hanns Moll von Dulliken aufgeführt, von dem er 2 Malter Korn gekauft habe.

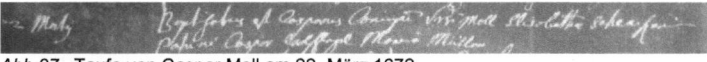
Abb.27 Taufe von Caspar Moll am 22. März 1672.

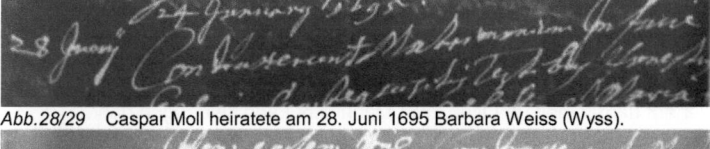
Abb.28/29 Caspar Moll heiratete am 28. Juni 1695 Barbara Weiss (Wyss).

Bei diesem *Caspar Moll* muss es sich um den Sohn von *Urs Moll* und Elisabeth Schenker gehandelt haben, der am 22. März 1672 geboren wurde und mit Barbara Wyss verheiratet war. Dafür spricht die Tatsache, dass der Schultheiss von Olten am 13. Februar 1715 berichtete, dass Caspar Moll trotz des obrigkeitlichen Verbots den Fruchthandel nicht lasse und sein Bruder *Peter Moll* in Caspars Namen 6 Malter in Däniken gekauft habe.
Letzterer wurde am 9. Juli 1681 von der zweiten Frau von Urs Moll, Katharina Wyss, geboren. Seinerseits war Peter mit Katharina Hoog verheiratet.

Kein Ruhmesblatt in der Dorfgeschichte waren 1747 auch die Ereignisse rund um das Ausstecken eines Durchstiches zur Landstrasse: Neben zwei weiteren Dullikern musste damals *Joggi (Jakob) Moll* Aussagen des damaligen Untervogts Caspar Baumann bezeugen, die letztendlich zu dessen Absetzung führten. [51]

1767 wurde *Cäthi Moll* von einer "umhervagierenden" Apolonia Burkard bedroht, dass sie sie umbringen werde, wenn sie etwas ausplaudere, dass die Cäthi offenbar nicht hätte sehen sollen.

Aus dem Jahre 1768 existiert ein Inventar über Leonty (Leonz, Leontius) Näf, in dem *Christen Moll* aufgeführt ist, der Schwager von Leonz. Im Weiteren findet man dort *Urs Josef Moll*, Schuhmacher von Dulliken, dessen Witwe Maria Binzenstock mit ihrem Schwager *Christen Moll*, also dem Bruder von Urs Josef, den ihr zustehenden Anteil fordert. Zudem wird im Inventar ein weiterer *Christen Moll*, alt Profos von Dulliken, als Begünstigter erwähnt. Dieser war 1761 noch in seinem Amt, als er einen "herumstreichenden Vagabunden" verhaften musste.

Etwas später taucht in den Akten des Werderamtes *Johann Moll*, der Schuhmacher, auf: Bei ihm war nämlich dazumal in der Person von Hans Adam Bantz ein "Ausländer" (!) wohnhaft, der von "Unterächerlig" im "Lucernergepieth" gekommen ist.

Im Februar 1753 ist aktenkundig, dass Joggi (Jakob) Moll als Gerichtssäss ersetzt werden muss, weil er verstorben ist. Er wurde schon 1744 im Zusammenhang mit Grenzstreitigkeiten zwischen Dulliken und Obergösgen erwähnt, als er zusammen mit Hans Senn vor dem Oltner Schultheissen erschienen war.

1754 werden die Erben von *Hans (Johann) Moll* selig von Dulliken erwähnt, der auf dem "Gheit" in Olten zwei Mannwerk Land sein Eigen nannte.

Im Februar 1764 werden vom Oltner Schultheiss im Zusammenhang mit Fuss- und Wegrechten *Christen Moll* und *Caspars Molls* selig Erben genannt.

Im Zusammenhang mit einem Darlehen von Cleophe Willberger von Niederbuchsiten an Joseph Bärtschi und seine Ehefrau Anna Maria Küentzli von Dulliken werden im Dezember 1771 die *Gebrüder Durs (Urs) und Joggi Moll* als Bürgen genannt.

---

[51] Walter Lukas, Dulliken im Spiegel seiner Vergangenheit, S. 316; Walter-Verlag, Olten (1966)

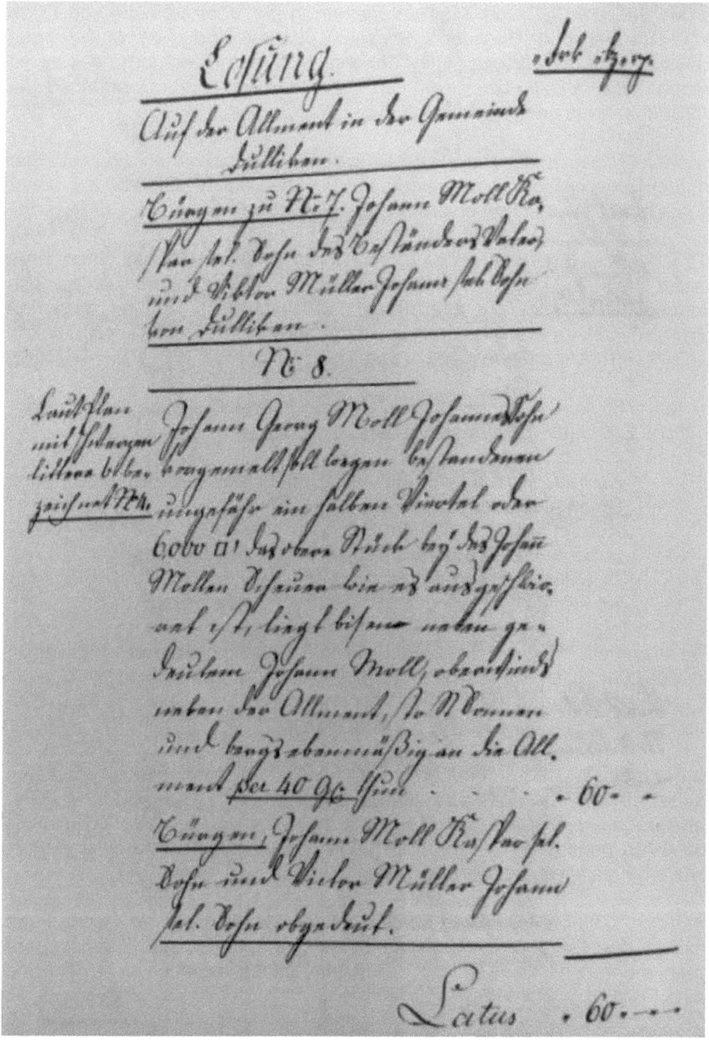

Abb.30 Eine Seite des Steigerungsrodels vom 1. April 1816, wo Johann Moll mehr-
fach genannt ist.[52]

[52] Walter Lukas, Dulliken im Spiegel seiner Vergangenheit, S.422; Walter-Verlag, Olten (1966)

In den Jahren 1780 und 1781 erscheinen in der Vogtrechnung von Olten unter "Frävel und Buessen" *Christen, Johann und Jost Moll* wegen "Holzfrävel". 1782/83 folgt Hans (Johann) Moll, des Gerichts(!), weil er mit sieben anderen Dullikern zusammen seine Pferde "in den nüwen einschlag am Büchsenrain gelassen".[53]

Im Juli 1782 taucht der Name von *Caspar Moll* im Zusammenhang mit einer von der Familie Wyss beantragten Landrückgabe auf der Allmend auf, wo er "durch eine Reversschrift schadlos gehalten werde".

1783 hat "die tugendreiche jungfrau Anna Moll selg. (*1715) durch ihren Bruder Urs Moll (*1720) ein jahrzeit gestiftet mit 70 Gulden, darin sollen noch eingeschlossen sein ihre eltern Caspar Moll (1699-1748) und Catharina Wyss (+1762), ihre geschwisterten als Joannes (*1717), Urs (*1720), Jakob (1727-1753), Anna Maria (*1713) und Maria Moll (1722-1767)."

Im Juli 1785 wurde ein Verzeichnis derjenigen erstellt, die ohne hochobrigkeitliche Bewilligung Acker zu Mattland einschlagen:

- *Konrad Moll* im Grund mit Erlaubnis der Gemeinde, ohne Begrüssung der Hoheit
- *Konrad Moll* in der Obern Ey
- *Johannes Moll,* Caspars seelig Sohn in der Niedern Ey
- *Urs Moll,* in der Niedern Ey
- *Konrad Moll,* auf dem Büel

Wie streng die "Missetäter" bestraft wurden, entzieht sich unserer Kenntnis. Als aber der Dulliker Bauer Konrad Moll drei Jahre später wieder Acker- in Wiesland umwandeln wollte, richtete er im April 1788 ein Gesuch an den Rat, das im Buch von Lukas Walter nachzulesen ist.

Im Februar 1790 wurde ein Leonz Baumann wegen einer falsch errichteten Gültschrift vom Rat seines Amtes als Sigrist entsetzt. Einige Jahre später hatte Baumann bei *Jakob Moll* Wohnsitz genommen, der dem Schultheiss von Olten berichtete, er wolle den Leonz Baumann nicht mehr in seinem Hause halten, weil er gestohlen habe.

Im Jahre 1796 breiteten sich Epidemien (u.a. die Ruhr) in der Gegend von Dulliken aus. Der "ausserordentlich thüren und mangelhaften Zitten wegen" baten mehrere Dulliker Bürger um Unterstützung, so auch *Jost Moll* und seine Frau.

---

[53] Walter Lukas, Dulliken im Spiegel seiner Vergangenheit, S.102ff/118/321ff/376ff; Walter-Verlag, Olten (1966)

1798 wird *Konrad Moll* als einer der Gerichtssässen genannt, die dem damaligen Untervogt Urs Christen zur Seite standen.[54]

Aus dem Jahr 1799, datiert am 13. September, existiert ein "Inventarium über Jacob Moll selig, Kaspars selig Sohn", wo als Erben genannt werden: Erstens Jacob und zweitens Anna Maria, beyde minderjährige Kinder. Mit *Konrad Moll*. Gerichtssäss, ihrem Wetter, verbeiständet, wegen "wieder beschehener Verheurathung der Witib Elisabeth Spihlmann als deren Kindern Mutter, den 20ten Juny anno 1796", mit Jacob Bärtschi.
"Haus und Spicher samt 2 Mannwerk Baumgarten waren allein schon 1600 Gulden wert, die ganze Habschaft total 4291 Gulden. Dazu kam noch die "Fahrnuss" mit einem Gesamtwert von 6084 Gulden.

Im Juli 1799 (Zeit der Helvetik) war *Konrad Moll* neben vier anderen Kollegen Mitglied der " Munizipalität" (Kammer der Einwohnergemeinde)

1802 erschien der Name von *Johannes Moll* in einem Schuldschein des Urs Jakob Meyer, bei der Beschreibung der Lage der "Büchsmatt".

Im August 1806 wurde es zwei Dullikern namens Müller per Dekret erlaubt, mit dem Kalkbrennen fortzufahren. Diese wurde von den Gerichtssässen unterzeichnet, zu denen auch "*Kuonrath Moll*" gehörte.

Im Jahre 1809 bewarb sich neben anderen *Johannes Moll* um das sogenannte "Metzger-Bankrecht", das die Abgabe von Fleisch an Gäste und Kunden erlaubte. Dies tat er, weil er die Taverne "zum Kreuz" übernehmen wollte. Dieses Recht wurde ihm dann auch tatsächlich erteilt.[55]

1808 wurde eine Volkszählung durchgeführt: 38 Personen mit Namen 'Moll' wurden in Dulliken gezählt.
Damit war 'Moll' der zweithäufigste Geschlechtsname, nur (jedoch deutlich) übertroffen von den 'Wyss', die mit 77 Personen doppelt so stark vertreten waren. Zwei Moll'sche Bürger, nämlich ein 'Christen' und ein 'Wendelin', befanden sich damals in französischen Kriegsdiensten. Von einem gewissen Victor Moll (ledig, Strumpfweber) wusste man nicht, wo er sich befindet.[56]

Ebenfalls im Jahre 1808 wurde in Dulliken eine Viehzählung durchgeführt. Auf der entsprechenden Liste waren *Caspar, Cuonrath, Jost, Joseph Johannes und ein weiterer Joseph Moll* aufgeführt. Zahlenmässig übertraf der Viehbestand von *Cuonrath Moll* diejenigen aller anderen Dulliker:

---

[54] Walter Lukas, Dulliken im Spiegel seiner Vergangenheit, S. 118/125ff/338/364f/413f
Walter-Verlag, Olten (1966)
[55] Walter Lukas, Dulliken im 19. und 20. Jh., S.13/53/87/154; EGde. Dulliken (1993)
[56] Walter Lukas, Dulliken im Spiegel seiner Vergangenheit, S.441; Walter-Verlag, Olten (1966)

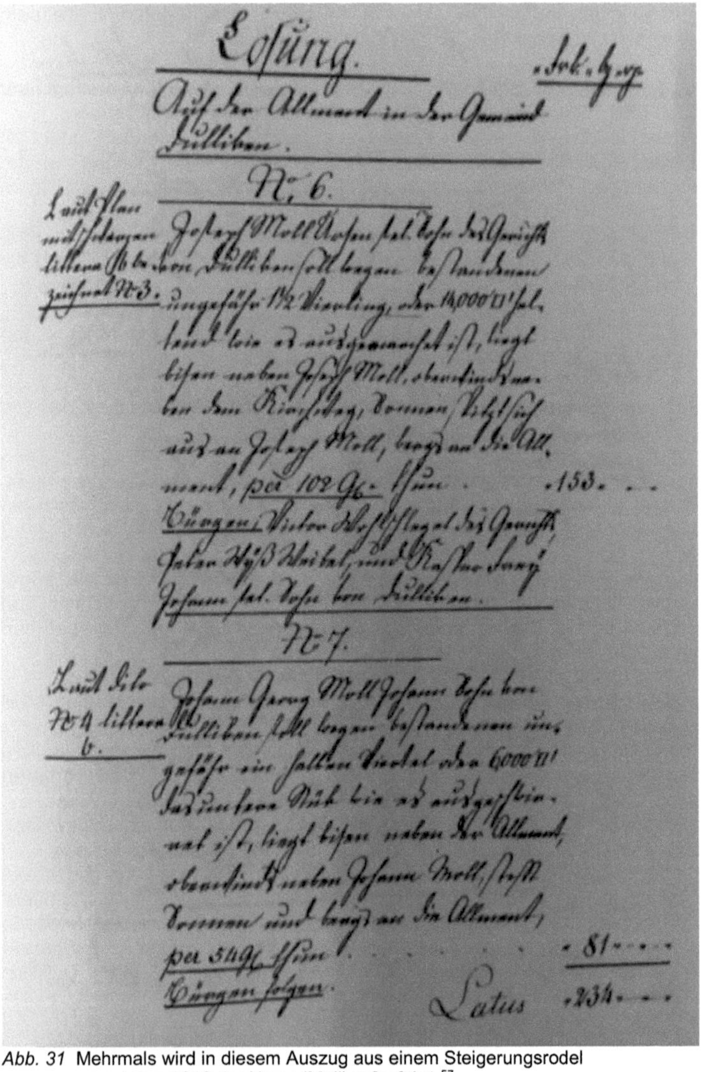

Abb. 31 Mehrmals wird in diesem Auszug aus einem Steigerungsrodel vom Jahre 1816 der Name 'Moll' aufgeführt.[57]

---

[57] Walter Lukas, Dulliken im Spiegel seiner Vergangenheit, S.69ff; Walter-Verlag, Olten (1966)

1 Pferd, 2 Stiere, 8 Kühe, 3 Kälber, 10 Schafe/Widder, 10 Mutterschafe, 8 Lämmer und 3 Schweine nannte er sein Eigen.

In einem Steigerungsrodel vom 1. April 1816 werden in einer "Liste der Kapitalisten" u.a. folgende Personen aufgeführt:

- *Conrad Moll* mit einer Kapitalsumme von 3500 Gulden
- *Joseph Moll sel. Witwe,* Kapitalsumme von 500 Gulden
- *Jakob Moll, mit einer* Kapitalsumme von 600 Gulden

Im Mai 1816 kam es zu einer Feuersbrunst. *Joseph Moll (52 Jahre alt)*, des Gerichts Dulliken und Feuergeschauer, war bei einer Besichtigung der Brandstätte mit dem Oberamtmann von Olten dabei.

Im Jahre 1818 zählte das Gericht Dulliken 12 Gerichtssässen: Einer davon war *Joseph Moll*, der zugleich Bannwart war.
Am Ende desselben Jahres setzte der kleine Rat von Dulliken die Zahl der Gerichtssässen neu auf sechs Mitglieder fest: Dazu gehörte auch *Leonz Moll, Johanns sel.,* Schulmeister, von Starrkirch.

Johann Jakob von Arx lebt um die Mitte des 18. Jh. auf dem Engelberg. Er zog dann ins Dorf hinunter. Dessen Sohn Johann Jakob Felix wurde 1787 geboren und schient vom Beginn des 19. Jahrhunderts an bis ungefähr 1850 etwas wie der Dorfbankier gewesen zu sein. Er starb im Jahre 1870, nachdem seiner Ehe mit *Anne Marie Moll* neun Kinder entsprossen waren.

1820 war *Leonzi (Leonz, Leontius) Moll*, "Stadthalter", einer von fünf Zeugen bei der Stiftung eines Kapitals von 60 Gulden durch seine Hochwürden Urs Meinrad Disteli, Chorherr von Schönenwerd.

Im April desselben Jahres wünschte die Armenkommission der Gemeinde Dulliken von der Regierung die Erlaubnis zu erhalten, 4 Jucharten des Allmendlandes verkaufen zu dürfen, um die von der Regierung angeordnete Armenkasse äufnen zu können.
Zum Verkauf vorgesehen waren u.a. ½ Jucharten "in dem obern Boden, mittnachts neben *Johann Moll* liegend" und ¾ Jucharten "unden am Berg, liegt mittnachts und stosst bysen an Joseph Moll sel. Erben."[58]

Dem Johann Moll wurde 1820 erlaubt, die halbe Jucharte Bauplatz, der mangels Vermögen nicht benutzen kann, seinen Kindern zu verkaufen, damit sie ein angekauftes Haus bezahlen können.[59]

---

[58] Walter Lukas, Dulliken im Spiegel seiner Vergangenheit, S.359/429ff/446; Walter-Verlag, Olten (1966)
[59] Walter Lukas, Dulliken im 19. und 20. Jh., S.18ff/112/138; EGde. Dulliken (1993)

Als 1828 beschlossen wurde, anstelle der Errichtung einer Stauwehr einen grossen Stein in die Aare hineinzuwälzen, war *Jakob Moll* Amman von Dulliken.

In einem Gesuch betreffend Überlassung eines Stücks Allmendland als Lehmgrube an den Rat zu Solothurn aus dem Jahre 1830, das von *Ammann Jakob Moll* gemeinsam mit Viktor Müller unterzeichnet war, wurde bei der Umschreibung der Lage der Lehmgrube *Geörg Moll* erwähnt, von dem ein Stück Land an die geplante Lehmgruppe grenzte.

Infolge des unerwarteten Hinschieds von Jakob Bärtschi am 14. Juli 1828 schlug der Oberamtmann von Olten der Regierung zwei Bewerber für dessen Nachfolge vor: Einer davon war *Jakob Moll, Jakobs sel.*- In der Folge wählte der kleine Rat diesen am 20. Oktober 1828 zum Gerichtsammann.

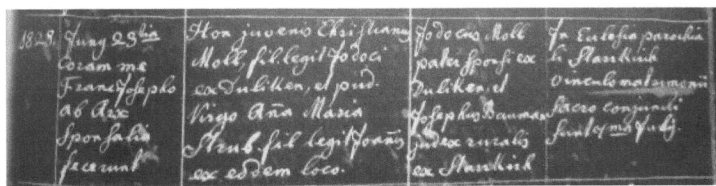

Abb.32　Am 29. Juni 1828 heiratete Christian Moll von Dulliken Anna Maria Strub, Tochter des Johannes, ebenfalls von Dulliken. Trauzeugen waren Jodok Moll, Vater des Bräutigams und Joseph Baumann von Starrkirch.

1830 wurde erstmals in Dulliken eine Schulkommission gebildet. Mitglied dieser Kommission war neben anderen auch Gemeinderat *Joseph Moll*.

Im März 1832 wurde vom Gemeinderat ein Verbot für das Weiden mit Kühen, Schafen und Ziegen in den Wegen, auf der Allmend und der Strasse erlassen, das u.a. von *Urs Joseph Moll* unterzeichnet war.

Im April desselben Jahres wurde *Urs Joseph Moll* als Beistand von Agatha und Theresia Stephany in einem Protokoll des Gemeinderats von Dulliken erwähnt.

1833 wählte man den früheren Ammann *Jakob Moll* als Seckelmeister. Zwei Jahre später beschloss die Gemeindeversammlung, den Zehnten wieder gemeindeweise zu empfangen. Zwei der drei in diesem Rahmen ernannten Schatzmänner waren *Jakob Moll*, Konrads selig, und *Viktor Moll*, Kaspars selig.

In der Zehntrechnung des Jahres 1833 wurden neue Schatzmänner ernannt, als da waren:

- "von den Reichen: *Jakob Moll*, Conrads"
- "von den Ärmeren: neben Balz Bärtschi *Viktor Moll*, Kaspars sel."

1834 wurde *Georg Moll* als Ziegenbockhalter für 3 Jahre ernannt, wofür er jedes Jahr 8 Fr. und 5 Batzen erhielt.[60]

1836 hatte Peter Strohmeier, Lehrer in Olten, in seiner Beschreibung des Kantons Solothurn geschrieben, dass in Dulliken *Urs Joseph Moll* Kappen herstelle. Das scheint damals die einzige "Industrie" im Dorf gewesen zu sein.[61]

Von 1842-1845 amtete *Victor Moll* als Ammann in Dulliken.

Im August 1846 wurde in einem Protokoll der Gemeindeversammlung *Victor Moll* (Schneider) im Zusammenhang mit einer Diskussion um die Leitung zum Pfarrbrunnen erwähnt.

Aus der entsprechenden Korpskontrolle geht hervor, dass folgende Herren am Sonderbundskrieg von 1847 teilgenommen haben: die sogenannten "Gemeinen" *Viktor* (geb. 1821), *Heinrich* der Weber (geb. 1825), *Urs* der Landarbeiter (geb. 1826) *Moll* und im Range eines Feldweibels der Negotiant *Josef Moll* (geb. 1821).

Abb.33 Das Gefecht von Geltwil im Sonderbundskrieg von 1847. [Quelle: Wikipedia] Ob da wohl Viktor, Heinrich und Urs Moll auch "auf Platz" waren?

---

[60] Walter Lukas, Dulliken im 19. und 20. Jh., S.25/60ff/124f/182ff; EGde. Dulliken (1993)
[61] Walter Lukas, Dulliken im Spiegel seiner Vergangenheit, S.130ff/434; Walter-Verlag, Olten (1966)

Im September 1848 wurden in Dulliken 13 Wahlmänner gewählt. Einer davon war "*Gemeinderat Moll*" (Vorname leider nicht erwähnt).[62]

Im März 1852 wurde eine Kommission geschaffen, die Mittel und Wege suchen sollte, die nötigen Mittel für die Armenkasse zu beschaffen. Dieser Kommission gehörten u.a. auch *Josef Moll* ("Gemeinrath") als Präsident und *Jakob Moll, Johanns*, als Mitglied an.

Auf einer Beschwerdeliste, deren darauf genannten Personen sich 1852 für einen Verzicht auf die Rückforderung von 1113 Franken eingesetzt hatten, die der Armenkasse vorgestreckt wurden, waren u.a. auch *Urs Josef Moll, Josefs sel., Johannes Moll, Jakobs Molls sel. Witwe und ein weiterer Jakob Moll* zu finden.

Im Jahre 1862 amtete *Viktor Moll, Georgs sel.,* als Wächter und bezog dafür von jedem Bürger im Quartal 20 Centimes.
1872 wurde diese Funktion von *Christian Moll* wahrgenommen.

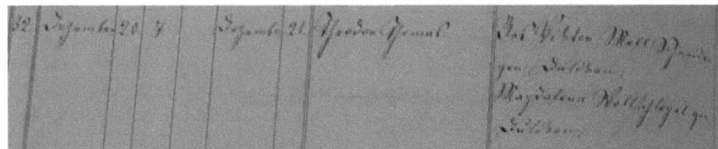

Abb.34 Am 20. Dezember 1840 wurde Theodor Thomas Moll geboren und tags darauf getauft; er war der Sohn von Urs Victor Moll und Magdalena Wollschlegel.

Theodor Moll (Viktors, s. Abb. 27) wünschte 1868 nach Amerika auszuwandern und verlangte deshalb von der Gemeinde einen Beitrag, der ihm auch gewährt wurde.

Im September 1870 bewarb sich *Christian Moll* (Viktors sel.) für das Verlehnen des Ziegenbocks.
Im Oktober 1876 wurde der Ziegenbock wiederum für 5½ Jahre an ihn verlehnt.
1981 wurden ihm dann noch ein "Zuchtstiergeld" bezahlt.

Im April 1871 wurden die zwei Kinder des *Viktor Moll*, Wächters, versteigert: *Carolina Moll,* die jedoch leider bald nach der Uebernahme starb, wurde von Elisabeth Wahl für ein Jahr übernommen, *Thomas Moll* von Joseph Marrer.

Am Abend des 20. Mai 1877 brannte das den Brüdern Conrad und Victor von Arx gehörende grosse Strohhaus Nr. 16. gänzlich nieder. *Jakob Moll* wurde mit 10 Fr. dafür entschädigt, dass sein danebenstehendes Strohhaus [Haus und Scheune No. 12 (GB 729)] leicht beschädigt wurde.

---

[62] Walter Lukas, Dulliken im Spiegel seiner Vergangenheit, S.135; Walter-Verlag, Olten (1966)

Abb. 35 Sack mit der Aufschrift "Johan Moll zu Dulliken – 1853"[63]

---

[63] Walter Lukas, Dulliken im Spiegel seiner Vergangenheit, S.72; Walter-Verlag, Olten (1966)

Im April 1879 erhielt *Leonz Moll* den Auftrag für die Herstellung von 11 neuen Schulbänken für die Oberschule.[64]

Im Juli desselben Jahres war *Joseph Moll*, Steinhauer, neben anderen als Zeuge zu einer Schwurgerichtsverhandlung aufgeboten.

Vielen Bürgern war es nicht möglich, Saatkartoffeln anzuschaffen, weshalb der Gemeinderat im April 1880 beschloss hat, mehreren Bürgern zur Anpflanzung des Allmendlandes einen Doppelzentner Erdäpfel zu bewilligen. Dazu gehörte auch *Basil Moll* (Christians). Zusammen mit *Maria Anna Moll*, Joh. sel., profitierte er auch im Jahre 1883 von der Verteilung von Saatkartoffeln.
Viktor Moll war von 1882 bis 1889 der dritte Dirigent der Musikgesellschaft Dulliken.

Im Rahmen einer Cholera-Epidemie wurde 1883 *Christian Moll* als Desinfektions-Angestellter gewählt.

An der Neujahrsgemeinde 1885 wurden die für die Gemeinde diensttuenden Funktionäre neu gewählt und zugleich deren Besoldungen neu geregelt. Darunter befanden sich u.a.:

-	*Christian Moll*, Wächter	35. Cts. Pro Quartal
-	*Viktor Moll*, Schulfondsschaffner	60 Fr. pro Jahr
-	*Viktor Moll,* Schneider, Sigrist/Kapelle	110 Fr. pro Jahr

Bei den Gemeinderatswahlen im August 1886 wurde u.a. *Viktor Moll* (Viktors Sohn) in den Gemeinderat für die Einwohner- und Bürgergemeinde gewählt.

1887 konnte *Lorenz Moll* (Zimmer- und Schreinermeister) die Schreinerarbeiten beim Bau des neuen Schulhauses zum Preis von 4502 Franken durchführen.

Im selben Jahr war *Gottfried Moll* Aktuar der Schulkommission.

Ebenfalls 1887, am 19. September, wurde in Dulliken ein Männerchor gegründet. Gründungsmitglied war neben 20 anderen Dullikern auch *Adolf Moll*.[65]

Am 16. April 1894 wurden 5 Häuser durch eine Feuersbrunst vernichtet. Zu Schaden kamen unter anderem: *Moll Josefs sel. Erben* (Nr. 29; geschätzt auf 2000 Franken)

---

[64] Walter Lukas, Dulliken im 19. und 20. Jh., S.27ff/66/93/121/141/188; EGde. Dulliken (1993)
[65] Walter Lukas, Dulliken im 19. und 20. Jh., S.36ff/124/132f/172/204/254ff; EGde. Dulliken (1993)

Bei einem weiteren Brand am 26. September 1894 fielen wiederum fünf Häuser dem Feuer zum Opfer, u.a. auch die Nr. 53 von *Gottlieb Moll*; der Schaden wurde auf 2500 Franken geschätzt.

Im Mai 1894 frisch verehelicht, klagte Vinzenz Moll (Heriberts) im Sommer beim Friedensrichter in Starrkirch gegen die Forstkommission der Gemeinde Dulliken, weil ihm diese die Zuteilung einer Holzgabe verweigert hatte.

Im November 1895 taucht der Name von *Jakob Moll* im Zusammenhang mit einer Quelle, die "auf dessen Land hervorgeholt wurde", in den Archiven auf.

Im November 1896 kam es in Dulliken zur Gründung eines Arbeitervereins. Gründungsmitglieder waren neben 16 anderen Herren auch Adolf, Eduard der jüngere, Vinzenz und Bo. (?) Moll.

Im Buch von Lukas Walter über Dulliken im 19. und 20. Jahrhundert ist ein Auszug aus dem Haushaltungsbuch von *Theophil Moll* aus dem Jahre 1897 aufgeführt. Dieser war Bürger von Dulliken und Lokomotivführer bei der Centralbahn in Olten.

Ebenfalls um die Jahrhundertwende arbeitete in der Oltner Werkstätte der Schweizer Centralbahn *Vinzenz Moll (Heriberts)* von Dulliken. Laut seinem Taglohnausweis vom 10. Oktober 1899 verdiente er in zwei Wochen in 130 Stunden bei einem Stundenlohn von 41 Rappen 53.30 Franken.

Nachdem im Jahre 1899 eine "Essenstransport-Genossenschaft" gegründet wurde, amtete *Gottfried Moll* bis 1902 als einer der ersten Präsidenten der betreffenden Kommission. – 1934 versah *Eduard Moll* das Präsidium.

Eduard Moll war von 1903 bis 1904 und von 1914 bis 1915 Präsident der Musikgesellschaft Dulliken und war zudem 1910 Dirigent.[66]

Die Bürgergemeinde stellte im Januar 1906 dem Bauchtechniker *Walter Moll* 5 Jucharten Land im Unterhärdli zur Verfügung, um das ganze Stück Land oder Teile davon zum Preis von 1200 Franken per Jucharte zu Industriezwecken zu veräussern. Die angestrebte Industrialisierung setzte aber in Dulliken erst nach dem ersten Weltkrieg ein.

1908 bis 1912 war *Alfred Moll* Gemeindeschreiber von Dulliken, gefolgt von *Eduard Moll*, der dieses Amt bis 1921 wahrgenommen hat.[67]

1909 wurde *Otto Moll*, Genovevas, zum neuen Wächter gewählt. Sein Lohn wurde auf 350 Franken im Jahr festgesetzt. Er wurde zudem als Schul-

---

[66] Walter Lukas, Dulliken im 19. und 20. Jh., S.2752/79/128ff/143/257/308; EGde. Dulliken (1993)
[67] Walter Lukas, Dulliken im Spiegel seiner Vergangenheit, S.146ff/252/443ff; Walter-Verlag, Olten (1966)

hausabwart mit 180 Franken und als Kirchhofreiniger mit 35 Franken Jahreslohn gewählt.

1913 konnte *Theodor Moll* Land an die Gemeinde verkaufen, zwecks Vergrösserung des Schulhausplatzes.

Im Rahmen einer Gemeindeversammlung durfte *Alfred Moll*, der damalige Sektionschef, nach Ende des ersten Weltkriegs den Dank der Behörde und der Bevölkerung für seine Initiative betreffend die Grundwasserentnahme entgegennehmen.

1947 ging die Liegenschaft von *Theodor Moll* (Wohnhaus mit 30 Aren Land) zum Preis von 66'000 Franken in Gemeindeeigentum über.

Im Verzeichnis der Baudenkmäler der Gemeinde Dulliken sind u.a. folgende Objekte aufgeführt[68]:

- Speicher mit 2 Lauben Nr. 19; über dem Eingang: "Jos. 1801 Wol." Standort: im Dorf, Ecke Schulstrasse/Dorfstrasse. Eigentümer: Erben des *Richard Moll*

- Speicher Nr. 70; mit gewölbtem Keller (18. Jh.) Standort: im Dorf, GB Nr. 658 Eigentümer: *Ferdinand Moll,* Landwirt

3.1.2. Genealogie der Familien-Teilstämme aus Dulliken-Starrkirch

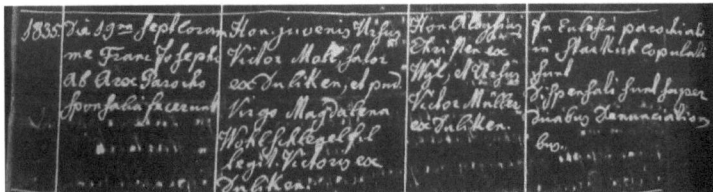

Abb.36 Auszug aus dem Pfarrbuch von Starrkirch-Dulliken: Am 19. September 1835 heiratete Urs Victor Moll von Dulliken Magdalena Wohlschlegel, Tochter des Victor, ebenfalls von Dulliken. Trauzeugen waren Aloysius Christen von Wyl und Urs Victor Müller von Dulliken. (s. auch S. 68, Abb. 42)

Im Folgenden werden die Stammbäume der Dulliker Moll-Familien abgebildet (zur Systematik s. S. 91).

---

[68] Walter Lukas, Dulliken im Spiegel seiner Vergangenheit, S.149ff/252/453; Walter-Verlag, Olten (1966)

Diese gehen zurück auf zwei Stammfamilien, die eventuell sogar denselben Stammvater (*Adam Moll*) haben. Letzteres kann jedoch leider bis heute nicht dokumentarisch bewiesen werden, da entsprechende Belege aus den Archiven fehlen.

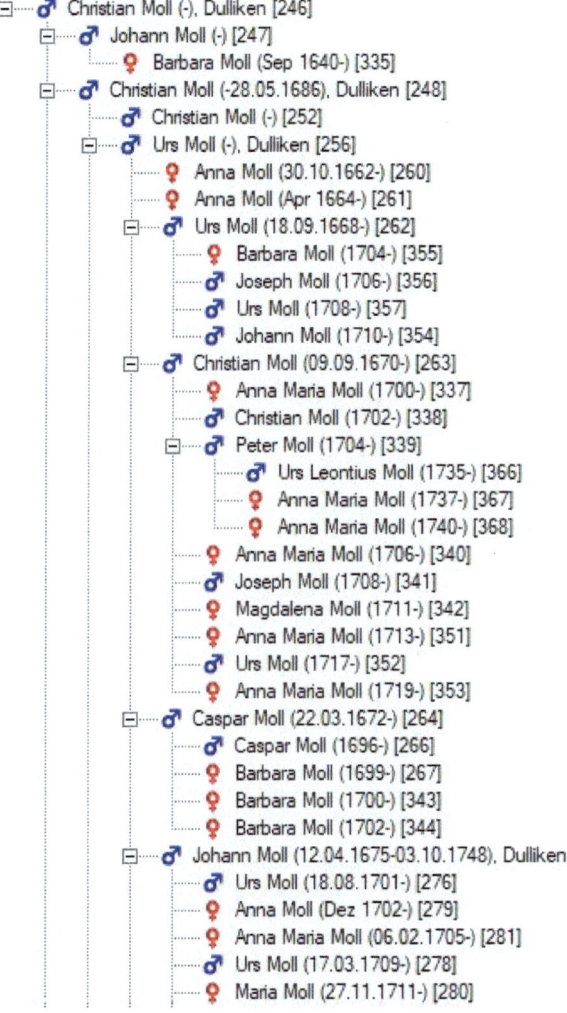

Abb.37   Stammbaum des Untervogts Christian Moll von Dulliken – Teil 1

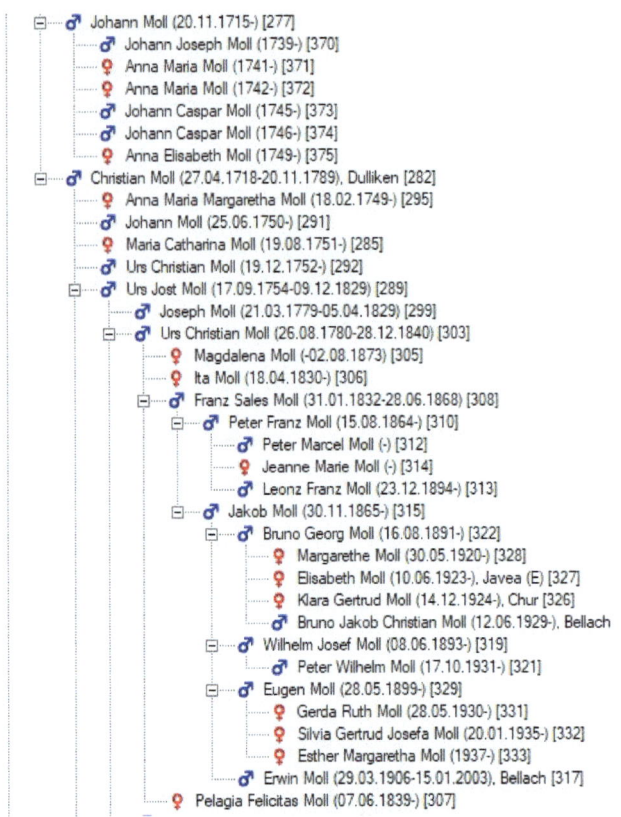

```
⊟  ♂ Johann Moll (20.11.1715-) [277]
        ♂ Johann Joseph Moll (1739-) [370]
        ♀ Anna Maria Moll (1741-) [371]
        ♀ Anna Maria Moll (1742-) [372]
        ♂ Johann Caspar Moll (1745-) [373]
        ♂ Johann Caspar Moll (1746-) [374]
        ♀ Anna Elisabeth Moll (1749-) [375]
⊟  ♂ Christian Moll (27.04.1718-20.11.1789), Dulliken [282]
        ♀ Anna Maria Margaretha Moll (18.02.1749-) [295]
        ♂ Johann Moll (25.06.1750-) [291]
        ♀ Maria Catharina Moll (19.08.1751-) [285]
        ♂ Urs Christian Moll (19.12.1752-) [292]
    ⊟  ♂ Urs Jost Moll (17.09.1754-09.12.1829) [289]
            ♂ Joseph Moll (21.03.1779-05.04.1829) [299]
        ⊟  ♂ Urs Christian Moll (26.08.1780-28.12.1840) [303]
                ♀ Magdalena Moll (-02.08.1873) [305]
                ♀ Ita Moll (18.04.1830-) [306]
            ⊟  ♂ Franz Sales Moll (31.01.1832-28.06.1868) [308]
                ⊟  ♂ Peter Franz Moll (15.08.1864-) [310]
                        ♂ Peter Marcel Moll (-) [312]
                        ♀ Jeanne Marie Moll (-) [314]
                        ♂ Leonz Franz Moll (23.12.1894-) [313]
                ⊟  ♂ Jakob Moll (30.11.1865-) [315]
                    ⊟  ♂ Bruno Georg Moll (16.08.1891-) [322]
                            ♀ Margarethe Moll (30.05.1920-) [328]
                            ♀ Elisabeth Moll (10.06.1923-), Javea (E) [327]
                            ♀ Klara Gertrud Moll (14.12.1924-), Chur [326]
                            ♂ Bruno Jakob Christian Moll (12.06.1929-), Bellach [323]
                    ⊟  ♂ Wilhelm Josef Moll (08.06.1893-) [319]
                            ♂ Peter Wilhelm Moll (17.10.1931-) [321]
                    ⊟  ♂ Eugen Moll (28.05.1899-) [329]
                            ♀ Gerda Ruth Moll (28.05.1930-) [331]
                            ♀ Silvia Gertrud Josefa Moll (20.01.1935-) [332]
                            ♀ Esther Margaretha Moll (1937-) [333]
                        ♂ Erwin Moll (29.03.1906-15.01.2003), Bellach [317]
            ♀ Pelagia Felicitas Moll (07.06.1839-) [307]
```

Abb.38 Stammbaum des Untervogts Christian Moll von Dulliken – Teil 2

Der Untervogt Christian Moll ist einer der beiden erwähnten Stammväter der Dulliker Moll. Leider ist der Name seiner Ehefrau nicht bekannt.

Der zweite Stammvater war Johann Moll (s. Abb. 32); er war verheiratet mit Margarita Mauderli. Die Familie Mauderli waren schon vor 1800 heimatberechtigt in Stüsslingen SO, das wenige Kilometer nördlich von Dulliken liegt.

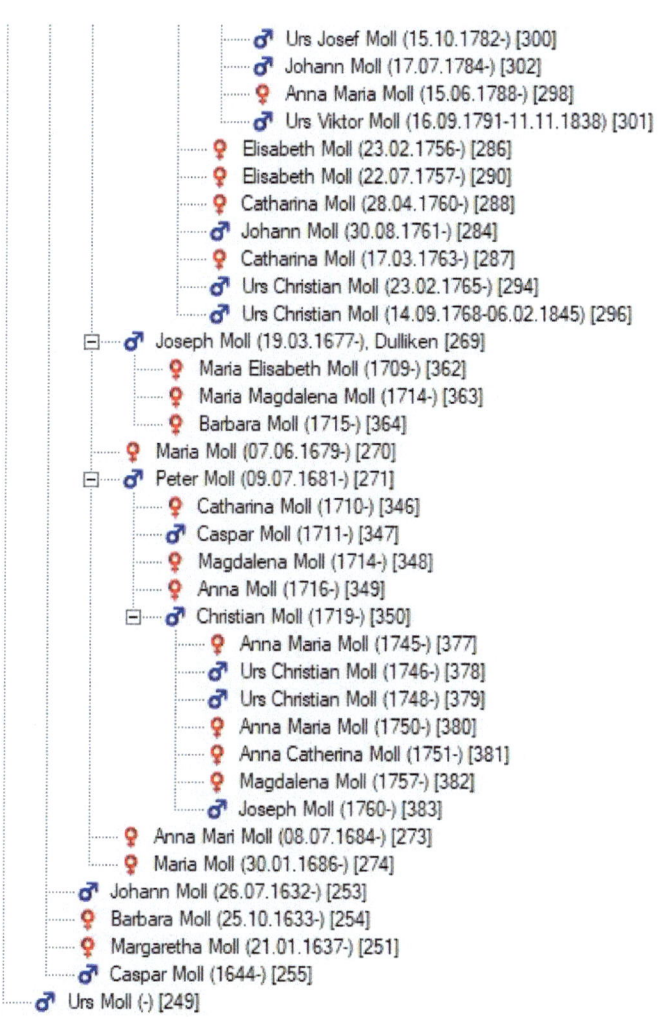

♂ Urs Josef Moll (15.10.1782-) [300]
♂ Johann Moll (17.07.1784-) [302]
♀ Anna Maria Moll (15.06.1788-) [298]
♂ Urs Viktor Moll (16.09.1791-11.11.1838) [301]
♀ Elisabeth Moll (23.02.1756-) [286]
♀ Elisabeth Moll (22.07.1757-) [290]
♀ Catharina Moll (28.04.1760-) [288]
♂ Johann Moll (30.08.1761-) [284]
♀ Catharina Moll (17.03.1763-) [287]
♂ Urs Christian Moll (23.02.1765-) [294]
♂ Urs Christian Moll (14.09.1768-06.02.1845) [296]
♂ Joseph Moll (19.03.1677-), Dulliken [269]
♀ Maria Elisabeth Moll (1709-) [362]
♀ Maria Magdalena Moll (1714-) [363]
♀ Barbara Moll (1715-) [364]
♀ Maria Moll (07.06.1679-) [270]
♂ Peter Moll (09.07.1681-) [271]
♀ Catharina Moll (1710-) [346]
♂ Caspar Moll (1711-) [347]
♀ Magdalena Moll (1714-) [348]
♀ Anna Moll (1716-) [349]
♂ Christian Moll (1719-) [350]
♀ Anna Maria Moll (1745-) [377]
♂ Urs Christian Moll (1746-) [378]
♂ Urs Christian Moll (1748-) [379]
♀ Anna Maria Moll (1750-) [380]
♀ Anna Catherina Moll (1751-) [381]
♀ Magdalena Moll (1757-) [382]
♂ Joseph Moll (1760-) [383]
♀ Anna Mari Moll (08.07.1684-) [273]
♀ Maria Moll (30.01.1686-) [274]
♂ Johann Moll (26.07.1632-) [253]
♀ Barbara Moll (25.10.1633-) [254]
♀ Margaretha Moll (21.01.1637-) [251]
♂ Caspar Moll (1644-) [255]
♂ Urs Moll (-) [249]

Abb.39 Stammbaum des Untervogts Christian Moll von Dulliken – Teil 3

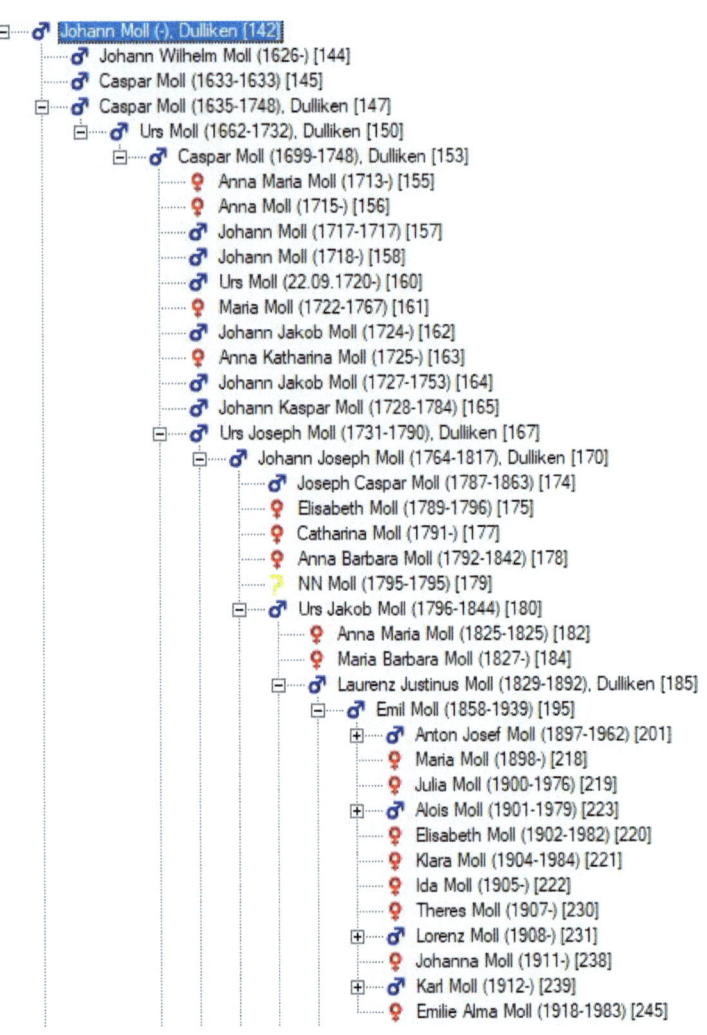

```
⊟····♂ Johann Moll (-), Dulliken [142]
    ····♂ Johann Wilhelm Moll (1626-) [144]
    ····♂ Caspar Moll (1633-1633) [145]
  ⊟····♂ Caspar Moll (1635-1748), Dulliken [147]
    ⊟····♂ Urs Moll (1662-1732), Dulliken [150]
      ⊟····♂ Caspar Moll (1699-1748), Dulliken [153]
        ····♀ Anna Maria Moll (1713-) [155]
        ····♀ Anna Moll (1715-) [156]
        ····♂ Johann Moll (1717-1717) [157]
        ····♂ Johann Moll (1718-) [158]
        ····♂ Urs Moll (22.09.1720-) [160]
        ····♀ Maria Moll (1722-1767) [161]
        ····♂ Johann Jakob Moll (1724-) [162]
        ····♀ Anna Katharina Moll (1725-) [163]
        ····♂ Johann Jakob Moll (1727-1753) [164]
        ····♂ Johann Kaspar Moll (1728-1784) [165]
        ⊟····♂ Urs Joseph Moll (1731-1790), Dulliken [167]
          ⊟····♂ Johann Joseph Moll (1764-1817), Dulliken [170]
            ····♂ Joseph Caspar Moll (1787-1863) [174]
            ····♀ Elisabeth Moll (1789-1796) [175]
            ····♀ Catharina Moll (1791-) [177]
            ····♀ Anna Barbara Moll (1792-1842) [178]
            ····? NN Moll (1795-1795) [179]
            ⊟····♂ Urs Jakob Moll (1796-1844) [180]
              ····♀ Anna Maria Moll (1825-1825) [182]
              ····♀ Maria Barbara Moll (1827-) [184]
              ⊟····♂ Laurenz Justinus Moll (1829-1892), Dulliken [185]
                ⊟····♂ Emil Moll (1858-1939) [195]
                  ⊞····♂ Anton Josef Moll (1897-1962) [201]
                  ····♀ Maria Moll (1898-) [218]
                  ····♀ Julia Moll (1900-1976) [219]
                  ⊞····♂ Alois Moll (1901-1979) [223]
                  ····♀ Elisabeth Moll (1902-1982) [220]
                  ····♀ Klara Moll (1904-1984) [221]
                  ····♀ Ida Moll (1905-) [222]
                  ····♀ Theres Moll (1907-) [230]
                  ⊞····♂ Lorenz Moll (1908-) [231]
                  ····♀ Johanna Moll (1911-) [238]
                  ⊞····♂ Karl Moll (1912-) [239]
                  ····♀ Emilie Alma Moll (1918-1983) [245]
```

Abb.40 Stammbaum des Johann Moll von Dulliken, verheiratet mit Margarita Mauderli; Teil 1

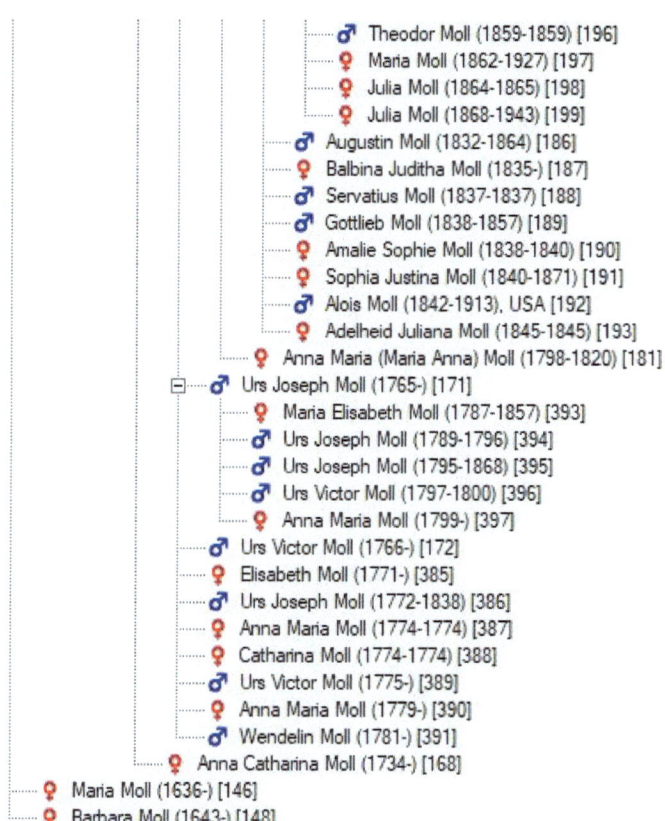

```
                    ♂ Theodor Moll (1859-1859) [196]
                    ♀ Maria Moll (1862-1927) [197]
                    ♀ Julia Moll (1864-1865) [198]
                    ♀ Julia Moll (1868-1943) [199]
               ♂ Augustin Moll (1832-1864) [186]
               ♀ Balbina Juditha Moll (1835-) [187]
               ♂ Servatius Moll (1837-1837) [188]
               ♂ Gottlieb Moll (1838-1857) [189]
               ♀ Amalie Sophie Moll (1838-1840) [190]
               ♀ Sophia Justina Moll (1840-1871) [191]
               ♂ Alois Moll (1842-1913), USA [192]
               ♀ Adelheid Juliana Moll (1845-1845) [193]
          ♀ Anna Maria (Maria Anna) Moll (1798-1820) [181]
   ☐── ♂ Urs Joseph Moll (1765-) [171]
               ♀ Maria Elisabeth Moll (1787-1857) [393]
               ♂ Urs Joseph Moll (1789-1796) [394]
               ♂ Urs Joseph Moll (1795-1868) [395]
               ♂ Urs Victor Moll (1797-1800) [396]
          ♀ Anna Maria Moll (1799-) [397]
     ♂ Urs Victor Moll (1766-) [172]
     ♀ Elisabeth Moll (1771-) [385]
     ♂ Urs Joseph Moll (1772-1838) [386]
     ♀ Anna Maria Moll (1774-1774) [387]
     ♀ Catharina Moll (1774-1774) [388]
     ♂ Urs Victor Moll (1775-) [389]
     ♀ Anna Maria Moll (1779-) [390]
     ♂ Wendelin Moll (1781-) [391]
  ♀ Anna Catharina Moll (1734-) [168]
♀ Maria Moll (1636-) [146]
♀ Barbara Moll (1643-) [148]
```

Abb.41 Stammbaum des Johann Moll von Dulliken, verheiratet mit Margarita Mauderli; Teil 2

Urs Victor Moll, der um die Wende des 18. zum 19. Jahrhunderts geboren wurde, war mit Magdalena Wohlschlegel verheiratet. Die Familie Wohlschlegel gehört zu denjenigen, die bereits vor 1800 in Dulliken eingebürgert waren. Leider lässt sich bis jetzt nicht genau sagen, wessen Sohn Urs Victor war und welche Lebensdaten ihm zugeordnet werden können. Deshalb ist es auch nicht möglich, ihn und seine Nachfahren einem der beiden grossen Dulliker Moll-Stammbäume zuzuordnen.

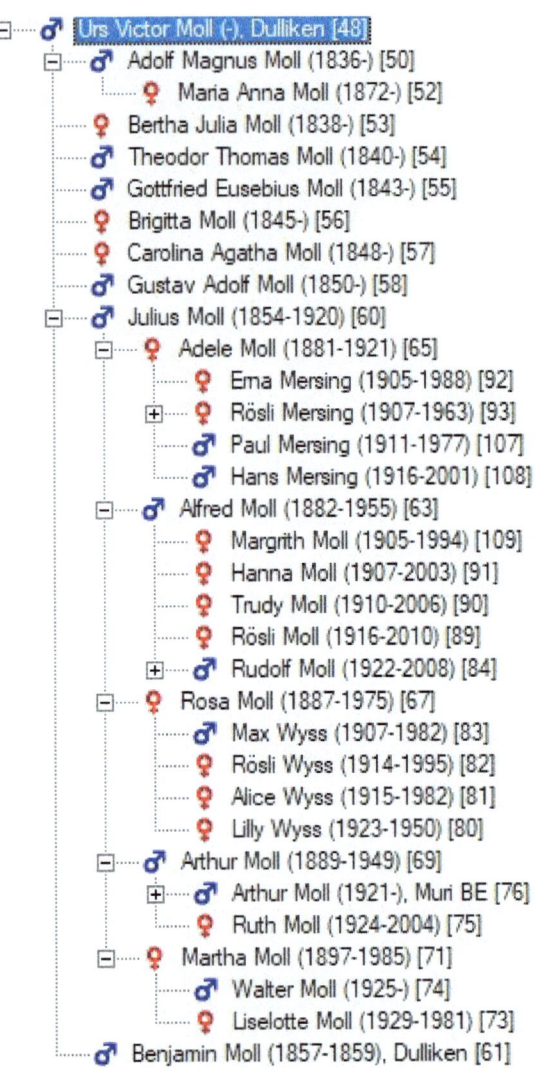

- ♂ Urs Victor Moll (-), Dulliken [48]
  - ♂ Adolf Magnus Moll (1836-) [50]
    - ♀ Maria Anna Moll (1872-) [52]
  - ♀ Bertha Julia Moll (1838-) [53]
  - ♂ Theodor Thomas Moll (1840-) [54]
  - ♂ Gottfried Eusebius Moll (1843-) [55]
  - ♀ Brigitta Moll (1845-) [56]
  - ♀ Carolina Agatha Moll (1848-) [57]
  - ♂ Gustav Adolf Moll (1850-) [58]
  - ♂ Julius Moll (1854-1920) [60]
    - ♀ Adele Moll (1881-1921) [65]
      - ♀ Erna Mersing (1905-1988) [92]
      - ♀ Rösli Mersing (1907-1963) [93]
      - ♂ Paul Mersing (1911-1977) [107]
      - ♂ Hans Mersing (1916-2001) [108]
    - ♂ Alfred Moll (1882-1955) [63]
      - ♀ Margrith Moll (1905-1994) [109]
      - ♀ Hanna Moll (1907-2003) [91]
      - ♀ Trudy Moll (1910-2006) [90]
      - ♀ Rösli Moll (1916-2010) [89]
      - ♂ Rudolf Moll (1922-2008) [84]
    - ♀ Rosa Moll (1887-1975) [67]
      - ♂ Max Wyss (1907-1982) [83]
      - ♀ Rösli Wyss (1914-1995) [82]
      - ♀ Alice Wyss (1915-1982) [81]
      - ♀ Lilly Wyss (1923-1950) [80]
    - ♂ Arthur Moll (1889-1949) [69]
      - ♂ Arthur Moll (1921-), Muri BE [76]
      - ♀ Ruth Moll (1924-2004) [75]
    - ♀ Martha Moll (1897-1985) [71]
      - ♂ Walter Moll (1925-) [74]
      - ♀ Liselotte Moll (1929-1981) [73]
  - ♂ Benjamin Moll (1857-1859), Dulliken [61]

Abb.42 Stammbaum des Urs Victor Moll von Dulliken, verheiratet mit Magdalena Wohlschlegel (s. auch Auszug aus dem Pfarrbuch Starrkirch-Dulliken, S. 62, Abb. 36)

3.2. Egerkingen

3.2.1. Personen und Denkmäler im Laufe der Zeit

Eine Sippe der Alemannen liess sich nach dem endgültigen Zusammen-
bruch des Römischen Reiches unter ihrem Führer und Namensgeber
Agarich hier nieder. Der Name des Dorfes wandelte sich von *Agarichingen*
über *Egrachingen, Egrichen* (erstmals urkundlich erwähnt 1201), über
Egerchingen (1212) zu *Egerkingen.*

Aus dem Kreise der deutschsprechenden Alemannen bildeten sich aus den Führerfamilien allmählich die Adeligen heraus, deren Grafen im Namen des Königs als oberste Richter im Gäu amteten.[69]

Die unter dem Kapitel "Dulliken" (3.1.) erwähnte Tatsache, dass bis zum Auftauchen des ersten Trägers des Namens Moll (Adam) dort keine Familien und/oder Personen mit diesem Namen zu finden sind, spricht klar dafür, dass Egerkingen der erste Ort war, wo die Molls erwähnt werden.

3.2.1.1. Hinter der Idylle der Flüematt steckt eine Geschichte[70]

Glücklicherweise beschäftigen sich auch engagierte Lokaljournalisten immer wieder mit der Regionalgeschichte, so dass man von Zeit zu Zeit in den Tageszeitungen interessante Beiträge dazu findet, so auch den folgenden:

"Zu den schönen Naherholungsgebieten von Egerkingen gehört die Flüematt. Wer den Aufstieg zu Fuss über die Jakobsleiter oder über den Altweg wählt, wird durch eine Oase der Ruhe mit einer vielfältigen Flora belohnt. Durch den nahen Wald führt ein leicht zu begehender Rundweg und zwischen Winterhalde und Sonnenrain führt ein etwas steiler, schattiger Aufstieg auf Hüsern und Blüemlismatt.
Der Ort hat seine Geschichte. Dass seit Jahrhunderten auf der Jurahöhe geweidet wurde, ist durch vielerlei Weidverträge belegt. Zu solchen Weidgebieten gehörte auch die Flüematt. Die Wiese hat eine Grösse von 11¾ Jucharten (429 Aren). In der Talsenke sammeln sich verschiedene Quellwasser zum Flüebach und zur Speisung des Wasserreservoirs.

Schon am 14. April 1531 ist im solothurnischen Ratsprotokoll von einem Kuhhirten in Egerkingen die Rede. Neben Kühen und Rindern wurden bis ins 19. Jahrhundert auch Ziegen auf die Weide geführt. Weil diese gerne in den jungen Wald eindrangen, musste die Weide ringsum eingezäunt werden. Jeder Weidbenützer war verpflichtet, im Frühjahr ein ihm zugeteiltes Stück Hag mit Dornensträuchern oder Aufschichten von Steinen auszubessern.

Die Kuhhütte stand mitten in der Flüematt, vermutlich, wo jetzt das Bienenhaus steht. Sie hatte nebst der Hirtenwohnung Platz für etwa 50 Rinder. Am 15. Februar 1858 bewilligte die Gemeinde 1200 Franken für den Bau einer neuen Viehhütte. Diese stand westlich des später (1929) gebauten Schützenhauses.
Das Hypothekenbuch nennt folgende Eigentümer von Haus und Scheuer: 1806 des Jakob Moll sel. acht Kinder; 1832 Josef Moll (1798–1879); 1835 Lukas Moll, der Sohn (1835–1879); 1879 Katharina Renggli, Witwe des Lukas Moll, zu 2/3-Anteil, und Susanne Moll (1839–1909), Ehefrau des

---

[69] Website der Gemeinde Egerkingen
[70] von Arx Guido, Solothurner Zeitung, 23.April 2014

Andreas Hüsler, zu 1/3-Anteil. 1886 ist der Schulfonds alleiniger Besitzer, was 1914 auf die Einwohnergemeinde übertragen wird.

Susanne Hüsler-Moll blieb weiterhin als Pächterin auf dem Hof. Bei ihr fanden verschiedentlich gegen karges Entgelt seitens der Gemeinde Verdingkinder Unterkunft. In Anbetracht des sehr baufälligen Hauses und der mangelhaften Einrichtungen wird 1894 der Abbruch des Gebäudes beschlossen. 1895 wird das Haus dem Josef Felber, Bäcker, für 140 Franken zum Abbruch verkauft. Heute sind von Haus und Stall keine Spuren mehr zu sehen.

Was aber geblieben ist, ist eine bunte, vielfältige Blumenwiese. Zurzeit stechen Schlüsselblumen mit ihrem satten Gelb aus dem Grün des Grases und am Bach blüht die Dotterblume. Bald werden sich noch viele andere Blumen dazugesellen. Geblieben ist auch die Erinnerung an längst vergangene Zeiten, als wir noch jung waren und im Sommer eine Handvoll Blumen pflückten und im Winter auf Fassdauben Skiakrobatik übten oder auf Schlitten den Hang hinuntersausten. Das alles ist vergangen, die Idylle aber bleibt."

3.2.1.2. Das Wegkreuz von Wilhelm Moll

Zum Thema des Wegkreuzes an der Kantonsstrasse in Egerkingen verweise ich die Lesenden auf das Kapitel 5.1. dieses Buches.
Immerhin sei an dieser Stelle darauf hingewiesen, dass das Wegkreuz im historischen Inventar des Kantons Solothurn verzeichnet ist[71]:

226   Jahrbuch für Solothurnische Geschichte

Inventar der Gemeinde Egerkingen.

(Regierungsratsbeschluss Nr. 4342 vom 13. Dezember 1940.)

VI. Steindenkmäler.

Objekt	Standort	Eigentümer
Wegkreuz, 1937, Kopie des Kreuzes von 1755 mit Wappen Moll. Original im Besitze von Arthur Moll, Direktor, Olten Grdb. Nr. 1292	Kreuzstrasse	Römisch-katholische Kirchgemeinde Egerkingen

---

[71] Jahrbuch für solothurnische Geschichte, Band 14, S. 26 (1941)

Abb.44 Ausschnitt aus dem senkrechten Teil des Wegkreuzes in Egerkingen, wo unter dem Familienwappen auch der Namen des Stifters eingraviert ist. [Foto: H. Moll]

Abb.45 Familie Moll-Schwaller aus Egerkingen, in Bettlach: Hilda, Josef, Rosa, Xaver, Bertha, Otto, Lina (oben, v.l.n.r.); Alwina, Gustav, Mutter Elisabeth und Vater Xaver (unten, v.l.n.r.); auf dem Bild fehlen Anna, Elise und Frieda [Fotograf unbekannt; Reproduktion mit freundlicher Genehmigung von Frau Ursula Moll, Luterbach]

3.2.2. Genealogie der Familien-Teilstämme aus Egerkingen

In Egerkingen lassen sich aufgrund der einsehbaren Daten nicht alle Moll'schen Familien-Teilstämme auf *einen* "Urvater" zurückführen. Dies liegt mit grosser Wahrscheinlichkeit daran, dass in Egerkingen bereits zu Zeit des Wechsels vom 16. zum 17. Jahrhundert mehr als nur eine oder zwei Moll-Familien gelebt haben.

So werden denn in der Folge alle Teilstämme abgebildet, die vom Autor eruiert werden konnten. Deren Stammväter und Ehefrauen waren:

Johann(-Christian) Moll ∞ Magdalena Altermatt
Wilhelm Moll ∞ Ursula Wyss
Josef Moll ∞ Elisabeth von Arx

Eine etwas Besonderes Bild ergab sich bei den Nachforschungen zu Creszenzia Moll (*1842, Tochter von Jakob Moll und Anna Maria Aregger, Nr. 106 in der Abb. 46) und deren Nachkommen (Abb. 50).

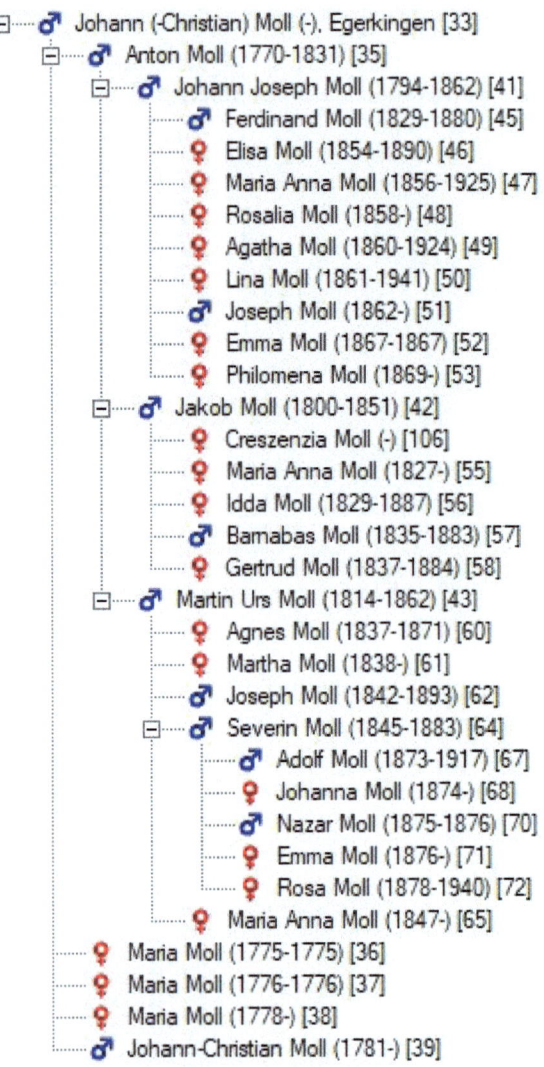

```
⊟···· ♂ Johann (-Christian) Moll (-), Egerkingen [33]
   ⊟···· ♂ Anton Moll (1770-1831) [35]
      ⊟···· ♂ Johann Joseph Moll (1794-1862) [41]
         ···· ♂ Ferdinand Moll (1829-1880) [45]
         ···· ♀ Elisa Moll (1854-1890) [46]
         ···· ♀ Maria Anna Moll (1856-1925) [47]
         ···· ♀ Rosalia Moll (1858-) [48]
         ···· ♀ Agatha Moll (1860-1924) [49]
         ···· ♀ Lina Moll (1861-1941) [50]
         ···· ♂ Joseph Moll (1862-) [51]
         ···· ♀ Emma Moll (1867-1867) [52]
         ···· ♀ Philomena Moll (1869-) [53]
      ⊟···· ♂ Jakob Moll (1800-1851) [42]
         ···· ♀ Creszenzia Moll (-) [106]
         ···· ♀ Maria Anna Moll (1827-) [55]
         ···· ♀ Idda Moll (1829-1887) [56]
         ···· ♂ Barnabas Moll (1835-1883) [57]
         ···· ♀ Gertrud Moll (1837-1884) [58]
      ⊟···· ♂ Martin Urs Moll (1814-1862) [43]
         ···· ♀ Agnes Moll (1837-1871) [60]
         ···· ♀ Martha Moll (1838-) [61]
         ···· ♂ Joseph Moll (1842-1893) [62]
         ⊟···· ♂ Severin Moll (1845-1883) [64]
            ···· ♂ Adolf Moll (1873-1917) [67]
            ···· ♀ Johanna Moll (1874-) [68]
            ···· ♂ Nazar Moll (1875-1876) [70]
            ···· ♀ Emma Moll (1876-) [71]
            ···· ♀ Rosa Moll (1878-1940) [72]
         ···· ♀ Maria Anna Moll (1847-) [65]
   ···· ♀ Maria Moll (1775-1775) [36]
   ···· ♀ Maria Moll (1776-1776) [37]
   ···· ♀ Maria Moll (1778-) [38]
   ···· ♂ Johann-Christian Moll (1781-) [39]
```

Abb.46 Stammbaum von Johann(-Christian) Moll, verheiratet mit Magdalena
Altermatt von Balsthal

74

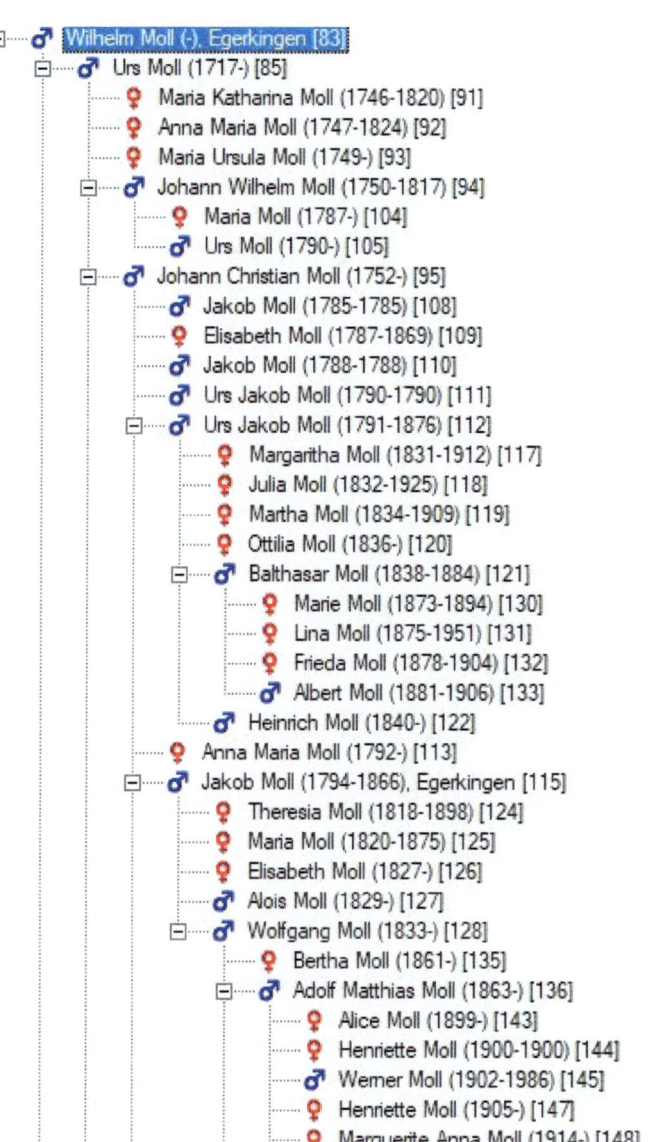

- ♂ **Wilhelm Moll (-), Egerkingen [83]**
  - ♂ Urs Moll (1717-) [85]
    - ♀ Maria Katharina Moll (1746-1820) [91]
    - ♀ Anna Maria Moll (1747-1824) [92]
    - ♀ Maria Ursula Moll (1749-) [93]
    - ♂ Johann Wilhelm Moll (1750-1817) [94]
      - ♀ Maria Moll (1787-) [104]
      - ♂ Urs Moll (1790-) [105]
    - ♂ Johann Christian Moll (1752-) [95]
      - ♂ Jakob Moll (1785-1785) [108]
      - ♀ Elisabeth Moll (1787-1869) [109]
      - ♂ Jakob Moll (1788-1788) [110]
      - ♂ Urs Jakob Moll (1790-1790) [111]
      - ♂ Urs Jakob Moll (1791-1876) [112]
        - ♀ Margaritha Moll (1831-1912) [117]
        - ♀ Julia Moll (1832-1925) [118]
        - ♀ Martha Moll (1834-1909) [119]
        - ♀ Ottilia Moll (1836-) [120]
        - ♂ Balthasar Moll (1838-1884) [121]
          - ♀ Marie Moll (1873-1894) [130]
          - ♀ Lina Moll (1875-1951) [131]
          - ♀ Frieda Moll (1878-1904) [132]
          - ♂ Albert Moll (1881-1906) [133]
        - ♂ Heinrich Moll (1840-) [122]
      - ♀ Anna Maria Moll (1792-) [113]
      - ♂ Jakob Moll (1794-1866), Egerkingen [115]
        - ♀ Theresia Moll (1818-1898) [124]
        - ♀ Maria Moll (1820-1875) [125]
        - ♀ Elisabeth Moll (1827-) [126]
        - ♂ Alois Moll (1829-) [127]
        - ♂ Wolfgang Moll (1833-) [128]
          - ♀ Bertha Moll (1861-) [135]
          - ♂ Adolf Matthias Moll (1863-) [136]
            - ♀ Alice Moll (1899-) [143]
            - ♀ Henriette Moll (1900-1900) [144]
            - ♂ Werner Moll (1902-1986) [145]
            - ♀ Henriette Moll (1905-) [147]
            - ♀ Marguerite Anna Moll (1914-) [148]

Abb.47 Stammbaum von Wilhelm Moll, verheiratet mit Ursula Wyss; Teil 1

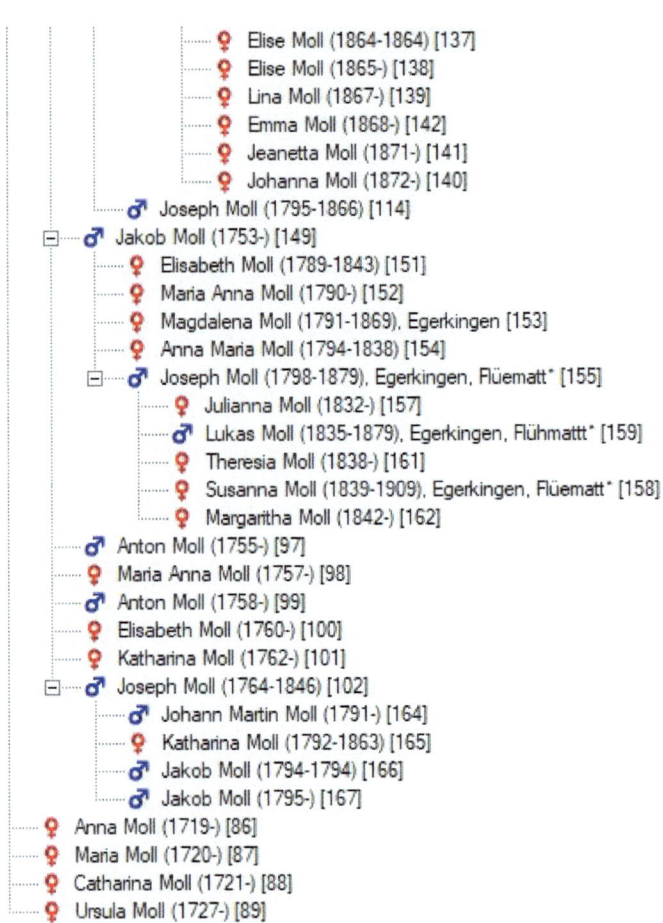

```
                              ⚲  Elise Moll (1864-1864) [137]
                              ⚲  Elise Moll (1865-) [138]
                              ⚲  Lina Moll (1867-) [139]
                              ⚲  Emma Moll (1868-) [142]
                              ⚲  Jeanetta Moll (1871-) [141]
                              ⚲  Johanna Moll (1872-) [140]
                       ♂  Joseph Moll (1795-1866) [114]
          ♂  Jakob Moll (1753-) [149]
              ⚲  Elisabeth Moll (1789-1843) [151]
              ⚲  Maria Anna Moll (1790-) [152]
              ⚲  Magdalena Moll (1791-1869), Egerkingen [153]
              ⚲  Anna Maria Moll (1794-1838) [154]
              ♂  Joseph Moll (1798-1879), Egerkingen, Flüematt* [155]
                  ⚲  Julianna Moll (1832-) [157]
                  ♂  Lukas Moll (1835-1879), Egerkingen, Flühmattt* [159]
                  ⚲  Theresia Moll (1838-) [161]
                  ⚲  Susanna Moll (1839-1909), Egerkingen, Flüematt* [158]
                  ⚲  Margaritha Moll (1842-) [162]
       ♂  Anton Moll (1755-) [97]
       ⚲  Maria Anna Moll (1757-) [98]
       ♂  Anton Moll (1758-) [99]
       ⚲  Elisabeth Moll (1760-) [100]
       ⚲  Katharina Moll (1762-) [101]
       ♂  Joseph Moll (1764-1846) [102]
           ♂  Johann Martin Moll (1791-) [164]
           ⚲  Katharina Moll (1792-1863) [165]
           ♂  Jakob Moll (1794-1794) [166]
           ♂  Jakob Moll (1795-) [167]
    ⚲  Anna Moll (1719-) [86]
    ⚲  Maria Moll (1720-) [87]
    ⚲  Catharina Moll (1721-) [88]
    ⚲  Ursula Moll (1727-) [89]
```

Abb.48   Stammbaum von Wilhelm Moll, verheiratet mit Ursula Wyss; Teil 2

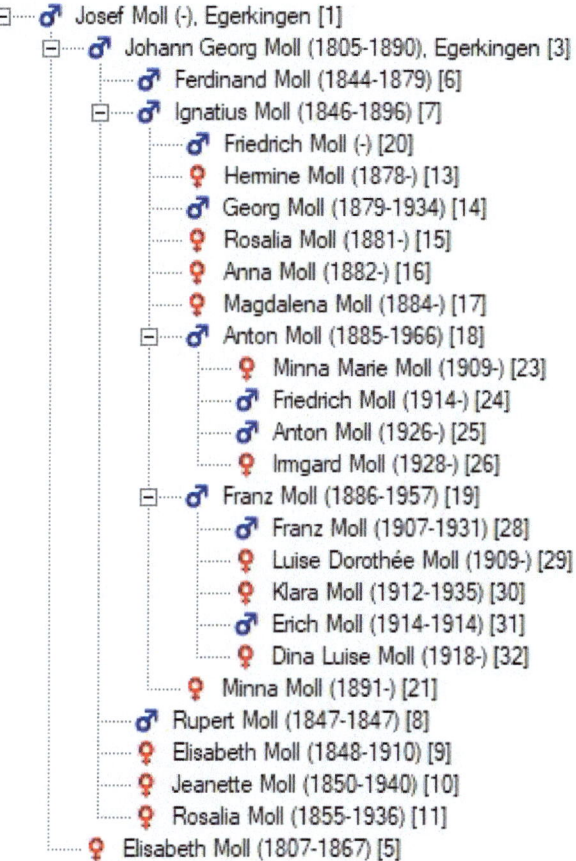

- ♂ Josef Moll (-), Egerkingen [1]
  - ♂ Johann Georg Moll (1805-1890), Egerkingen [3]
    - ♂ Ferdinand Moll (1844-1879) [6]
    - ♂ Ignatius Moll (1846-1896) [7]
      - ♂ Friedrich Moll (-) [20]
      - ♀ Hermine Moll (1878-) [13]
      - ♂ Georg Moll (1879-1934) [14]
      - ♀ Rosalia Moll (1881-) [15]
      - ♀ Anna Moll (1882-) [16]
      - ♀ Magdalena Moll (1884-) [17]
      - ♂ Anton Moll (1885-1966) [18]
        - ♀ Minna Marie Moll (1909-) [23]
        - ♂ Friedrich Moll (1914-) [24]
        - ♂ Anton Moll (1926-) [25]
        - ♀ Irmgard Moll (1928-) [26]
      - ♂ Franz Moll (1886-1957) [19]
        - ♂ Franz Moll (1907-1931) [28]
        - ♀ Luise Dorothée Moll (1909-) [29]
        - ♀ Klara Moll (1912-1935) [30]
        - ♂ Erich Moll (1914-1914) [31]
        - ♀ Dina Luise Moll (1918-) [32]
      - ♀ Minna Moll (1891-) [21]
    - ♂ Rupert Moll (1847-1847) [8]
    - ♀ Elisabeth Moll (1848-1910) [9]
    - ♀ Jeanette Moll (1850-1940) [10]
    - ♀ Rosalia Moll (1855-1936) [11]
  - ♀ Elisabeth Moll (1807-1867) [5]

Abb.49 Stammbaum des Josef Moll von Egerkingen, verheiratet mit Elisabeth von Arx

- ♀ Crescenzia Moll (1842-) [141]
  - ♂ Xaver Moll (-) [142]
    - ♀ Anna Moll (1887-) [144]
    - ♀ Rosa Moll (1890-) [145]
    - ♀ Elise Moll (1891-) [146]
    - ♀ Bertha Moll (1892-) [147]
      - ♂ Werner Moll (22.12.1917-23.01.2013) [169]
    - ♀ Lina Moll (1893-1893) [148]
    - ♂ Albert Moll (1894-1894) [149]
    - ♀ Lina Moll (1895-) [150]
    - ♀ Frieda Moll (1897-) [151]
    - ♂ Franz Xaver Moll (1898-) [152]
    - ♂ Otto Moll (1901-) [154]
    - ♀ Hilda Moll (1902-) [156]
    - ♂ Joseph Moll (1904-1994) [157]
      - ♂ Heinz-Josef Moll (1932-2017) [162]
      - ♂ Willi Hugo Moll (1936-) [165]
    - ♂ Gustav Moll (1906-1987) [159]
      - ♂ Roland Gustav Moll (1937-), Nidau [160]
  - ♂ Augustin Moll (1863-1931), Moll-Kohler [232]
    - ♀ Olga Frieda Moll (1886-) [234]
    - ♀ Mina Ella Moll (1889-) [235]
    - ♂ Erwin August Moll (1890-1960) [236]
    - ♂ Walter Moll (1905-) [239]
    - ♀ Maria Rosa Moll (1906-) [240]
    - ♀ Frieda Mina Moll (1908-) [241]

Abb.50 Stammbaum von Crescencia Moll (geb. 1842), die zwei Söhne von verschiedenen Vätern hatte (Xaver und Augustin) und nicht verheiratet war..

3.3. Härkingen

3.3.1. Personen im Laufe der Zeit

Die Schlacht von Novara im Jahre 1513 bildete den Anlass zu Unruhen im solothurnischen Landvolk. Daher legte die Stadt im folgenden Jahr ein Verzeichnis der volljährigen männlichen Bürger an und verlangte von ihr den Bürgerrechtsseid. Härkingen mag damals knapp über 100 Einwohner gezählt haben.

In der relativ kurzen Liste der volljährigen Härkinger waren folgende Männer namens Moll aufgeführt:

- Wernli Moll, Jacob und Hans (seine Söhne)
- Heini Moll mit den Söhnen Hans und Bartli
- ein weiterer Wernli Moll

Härkingen hatte damals ca. 100 Einwohner; sieben davon waren die obgenannten. Wenn man annimmt, dass der erstgenannte *Wernli Moll* frühestens im Alter von 20 Jahren Vater wurde, kann er nicht später als 1474 geboren worden sein. Somit ist er der älteste mir bekannte Moll-Namensträger aus Härkingen.

Die Geschichte über das "Bannbuech" rund um "s'Molle Chlei" wurde von Elisabeth Pfluger in Solothurner Mundart niedergeschrieben:

"Es Bannbuech" von Elisabeth Pfluger[72]

"S Molle Chlei isch imene Strauhuus a der Hauptgass deheime gsi, a der Stell, wo jetz s Solande wohne. Er hed öppis chli vom Bannen und Stelle verstange, aber nid der Huufe. Woners mids Toonis Hung, em Tiger, hed welle bewyse, hed en dää wüest gschnellt, und er isch doch süst e Tscholi vomene Tier gsi.

Im Chlei si Grossvatter hed die schwarze Künst aber verstangen usem äfäf. Er hed eben es Bannbuech gha und dört gläse wimes macht. Einisch ischs em aber bimene Höörli dumm gange. En Astösser as Molle Wässermatten isch eisder znacht usedichen und hed d Wässerschufle soo gsteckt, as sis Land bschütted worden isch. Do heden der Moll Hansseppi ine starke Bann too und isch denn go luege mideme angere zäme, für ne Züge z haa. Do isch dä Wasserschelm am Bode gläge, vom Verstang und scho halb tot. Zum Glück hed der Hansseppi s Gägemittel gwüsst. Si Fründ hed em der plampelig Wässermaa müesen ufe Buggel lade. Drümol heden der Banner däwäg um die ganzi Wässermatten ume müese träge, bis der Banned wider zum Läbe choo isch. Er isch derby sälber fast z Grundgange, isch eisder wider blibe stoh zum Hippne und Verschnufe, hed aber nid dörfe abstelle.

Das hed do is Molle Hansseppi der Guu a sim Bannbuech gnoo. Es paar Tag druf hed er i der Hosted hingerem Huus es Mottfüür gmacht und das verflixte Buech drygheit. Do hed das plodered, kläpft und gsprätzled wi bsässe und Glüet huushöch id Luft gjagt. Aber es isch ömel verbrönnt. Der Hansseppi isch froh gsi, as ers nid i der Chuchi id Füürsted ine gschopped gha hed. Es hed drum eisder gheisse, nes Bannbuech wome verbrönni züng s Huus aa.

S Molle-Hansseppis Nachkomme hei no das und däis us däm Bannbuech gwüsst, aber nüt rächt."

---

[72] Reproduziert mit freundlicher Bewilligung der Staatskanzlei Solothurn, aus "Solothurner Sagen", herausgegeben vom Regierungsrat des Kt. SO, S. 378

In ein "Bannbuch" wurden gemäss deutscher Enzyklopädie allerlei Beschwörungen und Formeln geschrieben, die alle nur den Zweck hatten Geister, Unglück und Dämonen zu bannen. Allerdings kann offenbar das Buch nur wirken, wenn man aus ihm leise während der Predigt eines Pfarrers liest. Das Rückwärtslesen aus dem Buch, soll die Wirkung des Bannbüchleins wieder aufheben können.

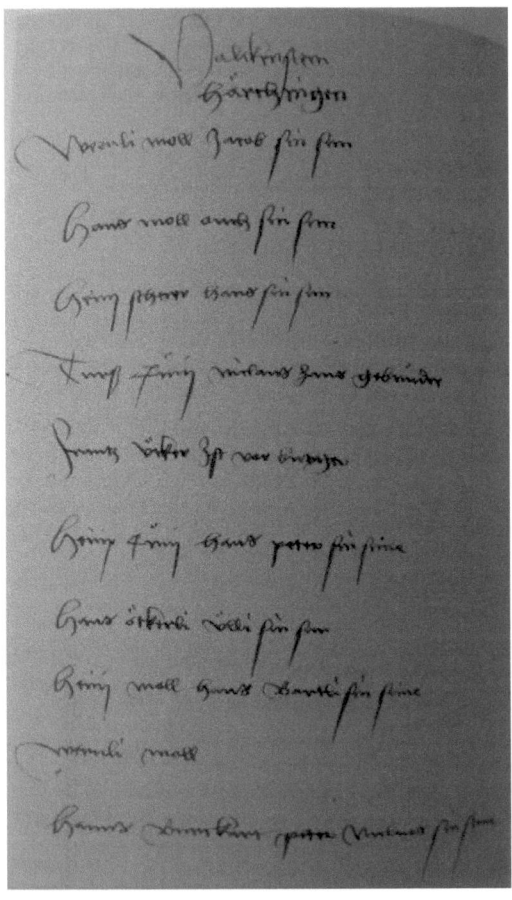

Abb.51 Verzeichnis der volljährigen männlichen Bürger im Jahre 1514[73]

---

[73] Pfluger Jules und Elisabeth, Gschwind Karl, 900 Jahre Härkingen, S.22f
(1980)

Jakob Moll war einer der Geschädigten des Dorfbrandes vom 9. März 1585. Ob es sich dabei um einen direkten Nachkommen von einem derjenigen Namensvettern handelt, die in der Liste der volljährigen Härkinger von 1514 aufgeführt waren, ist nicht bekannt, jedoch sehr wahrscheinlich.

Im November 1611 war der Streit, der als Folge des Brandes und seines unfreiwilligen Stifters Joggi Wiss entstanden war, noch nicht beendigt. *Hans Moll* (eventuell ein Sohn von Jakob) wird neben anderen als einer derjenigen genannt, die mit Jakob Wiss immer noch nicht im reinen sind.

1687 werden *Joggi* (Jakob) und *Urs Moll* von Egerkingen auf Falkenstein vorstellig, weil ihnen *Wolfgang Moll* und Mithaften von Härkingen seit Jahren einen Bodenzins von jährlich drei Batzen vorenthalten.

Abb.52 Um 1910. Auf der rechten Seite *Berta* Studer-*Moll* mit ihren Kindern Maria
und Erwin.

Im Rahmen einer Klage gegen den Egerkinger Pfarrer Urs Graf brachten 1688 *Urs Moll* ("des Gerichts") zusammen mit Wolf Studer als Vertreter von Härkingen vier schriftlich formulierte Vorwürfe vor. Die vorgebrachten Klagen führten zusammen mit denjenigen der Egerkinger zur Versetzung des Pfarrers nach Seewen.

1698 beklagt sich *Joggi Moll*, der schon 11 Jahre unter Hauptmann Vigier in fremden Kriegen gedient hatte, er hätte schon seit drei Jahren umsonst seinen Abschied erbeten. – Der Rat befürwortete, dass ihm ein ehrlicher abschied gegeben werde.

1707 hat *Joggi Moll* in Fulenbach ein Haus gekauft und bittet den Rat, es nach Härkingen in seine Hofstatt versetzen zu dürfen, was ihm von der Regierung bewilligt wird.[74]

---

[74] Pfluger Jules und Elisabeth, Gschwind Karl, 900 Jahre Härkingen, S.23 u 33ff
(1980)

Das Härkinger Güterverzeichnis von 1723 nennt *Uli Moll* "der ober" (an der Neuendörferstrasse), dann *Joggi und Uli Moll* (der "nider" (wohl Hauptgasse 16), ferner *Hans Moll* (Fulenbacherstrasse 39) und schliesslich *Urs Moll* (am Nesslergraben).[75]

Der Gerichtssäss *Johann Moll* wohnte 1723 an der Fulenbacherstrasse. Er besass Haus, Speicher, Hofstatt und Garten, all das 2 Jucharten umfassend. Er hatte einen gesamten Grundbesitz von 27 Jucharten und 2½ Viertel. Das Gerichtssässenamt scheint längere Zeit an der Familie Moll gehaftet zu haben, liest man doch noch in den achtziger und neunziger Jahren von einem Johann Moll, Träger dieses Amtes[76]:

Abb.53 1918 wich das Stroh- einem Eternitdach. Im Garten *Emma* und Jakob Fähndrich-*Moll* mit den Kindern Marie und Hans sowie der Grossmutter Elisabeth.

1783 ersucht Gerichtssäss *Johann Moll* darum, von seinem Amt zurücktreten zu können, das er seit mehreren Monaten kränklich sei. Dies wurde offenbar nicht bewilligt, da er im Jahre 1791 ein zweites Mal um Amtsentlassung bittet.

Johann (21 j.) und *Jakob Moll* (20 j.), beide Söhne des *Johann*, werden 1799 auf einer Liste von Personen aufgeführt, die sich "aussert Land begeben", weil sie einer Aushebung der französischen Armee entgehen wollten, die auf den Februar 1799 in Olten angesagt gewesen war.

---

[75] Pfluger Jules, Härkingen – alte Häuser und ihre Bewohner, S.59 (1995)
[76] Pfluger Jules, Härkingen – alte Häuser und ihre Bewohner, S.90 (1995)

1839 erhält der Gemeindemauser *Johannes Moll* jährlich 55 Franken für seine Tätigkeit.

Von 1846 bis 1849 war *Marianne Moll* Lehrerin der Arbeitsschule.[77]

Im Sonderbundskrieg nahm *Xaver Moll* im November 1847 im Landwehr-Bataillon Stampfli an der letzten militärischen Auseinandersetzung auf Schweizer Boden teil. (S. 59)

Abb.54 1919. Walter und Anna Moll-von Arx und sechs ihrer Kinder.

1849 wird im Zusammenhang mit der Ausweisung eines Webers von Strengelbach *Johann Moll* genannt, der den Betreffenden zuvor als Kostgänger aufgenommen hatte.

1850 war *Katharina Moll* eine von drei Kandidatinnen für die Wahl zur neuen Hebamme. Es ist nicht aktenkundig, ob sie oder eine der Mitbewerberinnen gewählt wurde.

Als 1852 eine Auswanderungswelle nach Amerika einsetzte, war Xaver Moll (Jg. 1864, des Johann) einer derjenigen Härkinger, die Reisegeld erhalten haben. – *Josef Moll*, dessen Bruder, ging leider leer aus.

---

[77] Pfluger Jules und Elisabeth, Gschwind Karl, 900 Jahre Härkingen, S.47ff u 177 (1980)

1857 wurde die Milchgenossenschaft Härkingen-Gunzgen gegründet, als deren erster Präsident *Xaver Moll* amtierte.[78]

1866 wurde das Gesuch der Brüder *Ambros und Urs Moll* (Josephs sel.) um eine Aussteuer für Amerika abgeschlagen; die Gründe dafür sind nicht bekannt. – Im selben Jahr wird der Antrag von Ambros für die Erteilung einer Heirats-Bewilligung ebenfalls abgelehnt.[79] .

Abb.55 1919. Auf dem Bild ist neben Personen aus anderen Familien *Isidor Moll* (Schneider) zu erkennen (Träger des weissen Hemdes).

Franz Moll, einer von drei Söhnen des Johann Josef Moll, war verheiratet, aber kinderlos. Er nahm leider ein böses Ende, als er am 11. Februar 1867 auf einem leeren Holzwagen, bespannt mit fünf Pferden, durchs Dorf galoppierte. - Elisabeth Pfluger hat sein unglückliches Ende in einer kurzen Mundartgeschichte beschrieben:

"En übersühnige (übermütiger) Fuerme"
von Mundartautorin Elisabeth Pfluger[80]

Z Härchingen a der Fulebacherstrooss, i däm Huus wo jetz s Probste deheime si, isch vor guet hundert Johre s Molle Franz gwohnt. Alls im Dorf hed dä käferig, posslig Kärli wohl möge, wenn er scho öppe die nes un-gwäschnigs Muul gha hed. Dä Franz isch ume nes armüeteligs Geisse-büürli gsi. Dure Winter isch er go holze und hed fürs Wirts im Lamm gfuerwärched. Das hed ems chöne!
Mit de Rosse z gutschiere isch is Molle Franz s Liebsten uf der Wält gsi. Doo hed er de der Chambe gstellt und si ufgloo! Es hed aber au chuum e zweute mit s Lammwirts Brüünli däwä guet chöne umgoo wien är. I jeder freie Minute

---

[78] Pfluger Jules und Elisabeth, Gschwind Karl, 900 Jahre Härkingen, S.60ff (1980)
[79] Pfluger Jules und Elisabeth, Gschwind Karl, 900 Jahre Härkingen, S.69f (1980)
[80] Pfluger Jules und Elisabeth, Gschwind Karl, 900 Jahre Härkingen, S.135f (1980)

isch er is Wirts Rossstaal gsi und hed mit dene Tiere brichted, hed ne gchüderled, se bürsted und pützerled. Drum sy si nem au eso ahänglig gsi. Einisch im Winter hed s Molle Franz fürs Wirts es paar Ster Goobeholz müese go reiche im Dolderbahn unge. Für die Ross echli z bewege, hed er grad alli feuf Brüünli agspanned. Midem Leitseil i de Hänge isch er ufe leer Bruggwage gstange und abgfahre: «Hü, mini Buebe!» S Dorf ab und duruus hed däm übersühnige Kärli alls noogluegt, und är hed si gmeint, wie ne Chrott ufeme Dünkel. Deheim bi sim Huus hed der Franz aghalte und sir Frau übere Huusplatzg ine zuegrüeft: «Ursi, bring mer e Huet! E rächte Fuerme muess doch e Huet haa!» D Frau hed em si Sundighuet greicht und en gmahned: «Gäll, heb ömel au Sorg!» Der Franz hed ume glached und isch abgfahre.

Do gseht er, as bim einte Vonderhangross d Brustchetti usghänkt isch. Statt z halte, für se gschwing wider yztue, isch er wie ne Zirkusakrobat über d Diechsle für balangsiert. Do fallt er abe. S Ursi wonem noogluegt hed, isch cho z springe und hed luut gschroue. Zum Glück si die brave Ross blybe stoh, as der Wage nit überne isch. Der Franz isch zwüschenunge gläge wie tot und hed ekeis Glid verrüert.

Ufs Ursis Lärme hi si Nochbere z Hilf choo vos Chesslermartis und vos Damis här. Si hei d Ross usgspanned und der Fuerme füregnoo. Er hed s Gnick broche gha und ekei Mux me gmacht. Uf der Stell isch er gstorbe. Gsung und tot vo eir Minute uf di angeri!

S Lammwirts hei derno ihrem ungfellige Fuerme a der Unglücksstell es steinigs Chrüz lo häretue. Druffe stoht s Todesdatum, der 11. Hornig 1867 und der Name Franz Moll. D Müetere wo draa verby si, hei ihrne uwodlige Bueben und Meitschi eisder die Gschicht vo däm übersühnige Fuerme verzellt.

Das steinerne Kreuz hart an der Fulenbacherstrasse im Garten der Familie Fischer erinnert noch heute an Unglück.[81]

1872 ergeht es den Geschwistern *Urs und Ida Moll* (Josefs) gleich wie *Ambros und Urs Moll*: Ihr Gesuch um einen Beitrag für die Auswanderung nach Amerika wird verworfen.

1877 war *Barbara Moll* Mitglied der fünfköpfigen Frauenkommission der Arbeitsschule.

Gegen Ende Februar 1885 verbrannte das zuoberst im Dorf stehende Strohhaus Nr. 57. Der eine Teil des Doppelhauses gehörte gemeinsam *Theodor Moll* und Pius Keust.

1886-1887 war *Theodor Moll* Präsident der Schulbehörde.

---

[81] Pfluger Jules, Härkingen – alte Häuser und ihre Bewohner, S.142 (1995)

1906 wurde Fräulein *Rosa Moll* als Primarlehrerin gewählt. Wahrscheinlich gehörte sie damit zu den ersten offiziell gewählten Lehrereinenn im Kanton Solothurn. – Ihr Gehalt wurde 1910 auf ihr Gesuch hin "von fünf zu fünf Jahren" um 100 Fr. zu erhöhen![82]

Abb.56   Primarlehrerin *Rosa Moll* (oberste Reihe, Mitte) mit den Schulkindern.

1912 wurde der Gemeinderat nach dem Proporzverfahren gewählt. Als Ersatzmann auf der Liste der Volkspartei erschien dabei *Walter Moll*, Bahnarbeiter. (S. 85)

Abb.57   Noch 1908 mit tief heruntergezogenem Walmdach. Im Garten *Elisabeth Moll-Altermatt* mit Tochter Elise.

---

[82] Pfluger Jules und Elisabeth, Gschwind Karl, 900 Jahre Härkingen, S.73/84/156/176 (1980)

1919 wurde das letzte Strohdach auf "Molle-Schnyders" Haus Nr. 42 durch ein Eternitdach ersetzt.

Walter Moll war im Jahre 1921 einer von sechs Härkingern, die den Imbiss für die Schuljugend, die Musikgesellschaft und den Kirchenchor finanzierten, um die die Gemeindefinanzen zu schonen.

1953 stiftete *Oskar Moll* eine der neuen Glocken für das neue Gotteshaus.

In den Jahren 1959/60 machte "Storchenvater" Max Blösch von Solothurn auf dem Bauernhaus Moll (Nr. 26) einen Störche –Wiederansiedelungsversuch. Leider musste dieser abgebrochen werden.

Von 1961 an amtierte *Max Moll-Hofstetter* (1921-2014) während 24 Jahren als Ammann der Bürgergemeinde. Zudem war er während 13 Jahren Forstpräsident.[83]

3.3.2. Genealogie der Familien-Teilstämme aus Härkingen

Für Härkingen liessen sich aufgrund der Personendaten, die primär in den Pfarrbüchern zu finden sind, folgende Teilstämme von Moll-Familien ausfindig machen:

Der erste und bezüglich vorhandener Daten grösste beginnt bei *Johannes Moll*, der sich um 1620 mit Catharina Oeggerlin (Oegerli) vermählte.

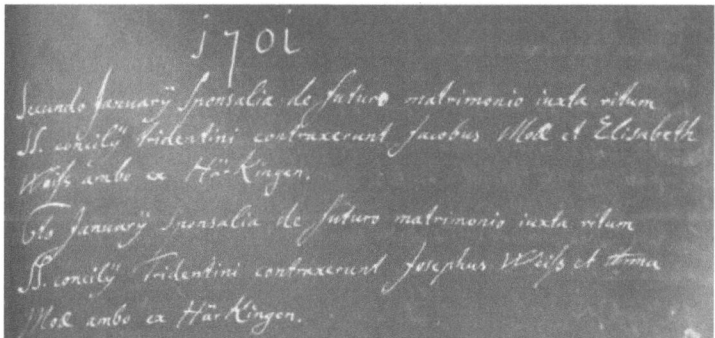

Abb.58   Am 2. Januar 1701 heirateten Jacobus Moll und Elisabeth Weiss (Wyss). Am 6. Januar gaben sich dann Joseph Weiss (Wyss) und Anna Moll das Ja-Wort.

---

[83] Pfluger Jules und Elisabeth, Gschwind Karl, 900 Jahre Härkingen, S.92ff, 161 (1980)

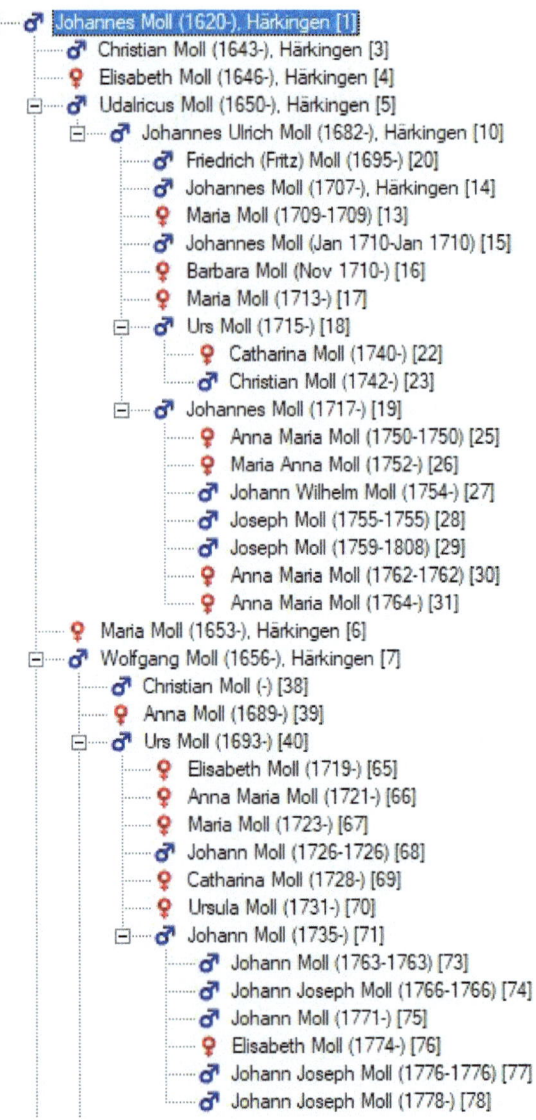

- ♂ Johannes Moll (1620-), Härkingen [1]
  - ♂ Christian Moll (1643-), Härkingen [3]
  - ♀ Elisabeth Moll (1646-), Härkingen [4]
  - ♂ Udalricus Moll (1650-), Härkingen [5]
    - ♂ Johannes Ulrich Moll (1682-), Härkingen [10]
      - ♂ Friedrich (Fritz) Moll (1695-) [20]
      - ♂ Johannes Moll (1707-), Härkingen [14]
      - ♀ Maria Moll (1709-1709) [13]
      - ♂ Johannes Moll (Jan 1710-Jan 1710) [15]
      - ♀ Barbara Moll (Nov 1710-) [16]
      - ♀ Maria Moll (1713-) [17]
      - ♂ Urs Moll (1715-) [18]
        - ♀ Catharina Moll (1740-) [22]
        - ♂ Christian Moll (1742-) [23]
      - ♂ Johannes Moll (1717-) [19]
        - ♀ Anna Maria Moll (1750-1750) [25]
        - ♀ Maria Anna Moll (1752-) [26]
        - ♂ Johann Wilhelm Moll (1754-) [27]
        - ♂ Joseph Moll (1755-1755) [28]
        - ♂ Joseph Moll (1759-1808) [29]
        - ♀ Anna Maria Moll (1762-1762) [30]
        - ♀ Anna Maria Moll (1764-) [31]
  - ♀ Maria Moll (1653-), Härkingen [6]
  - ♂ Wolfgang Moll (1656-), Härkingen [7]
    - ♂ Christian Moll (-) [38]
    - ♀ Anna Moll (1689-) [39]
    - ♂ Urs Moll (1693-) [40]
      - ♀ Elisabeth Moll (1719-) [65]
      - ♀ Anna Maria Moll (1721-) [66]
      - ♀ Maria Moll (1723-) [67]
      - ♂ Johann Moll (1726-1726) [68]
      - ♀ Catharina Moll (1728-) [69]
      - ♀ Ursula Moll (1731-) [70]
      - ♂ Johann Moll (1735-) [71]
        - ♂ Johann Moll (1763-1763) [73]
        - ♂ Johann Joseph Moll (1766-1766) [74]
        - ♂ Johann Moll (1771-) [75]
        - ♀ Elisabeth Moll (1774-) [76]
        - ♂ Johann Joseph Moll (1776-1776) [77]
        - ♂ Johann Joseph Moll (1778-) [78]

Abb.59 Die Nachfahren von Johannes Moll, verheiratet mit Catharina Oeggerlin
(Oegerli); Teil 1

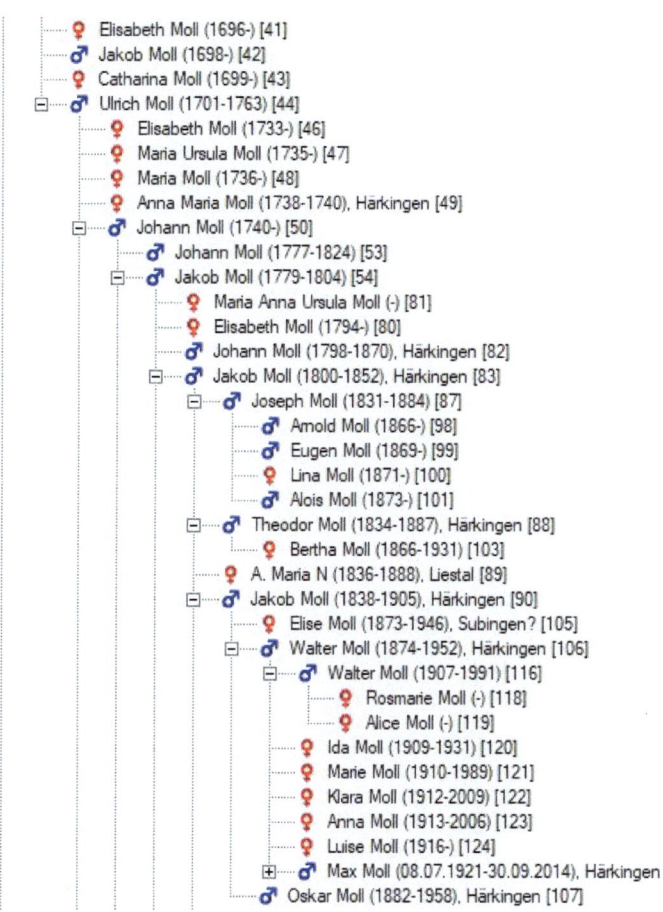

```
⚲ Elisabeth Moll (1696-) [41]
♂ Jakob Moll (1698-) [42]
⚲ Catharina Moll (1699-) [43]
♂ Ulrich Moll (1701-1763) [44]
    ⚲ Elisabeth Moll (1733-) [46]
    ⚲ Maria Ursula Moll (1735-) [47]
    ⚲ Maria Moll (1736-) [48]
    ⚲ Anna Maria Moll (1738-1740), Härkingen [49]
    ♂ Johann Moll (1740-) [50]
        ♂ Johann Moll (1777-1824) [53]
        ♂ Jakob Moll (1779-1804) [54]
            ⚲ Maria Anna Ursula Moll (-) [81]
            ⚲ Elisabeth Moll (1794-) [80]
            ♂ Johann Moll (1798-1870), Härkingen [82]
            ♂ Jakob Moll (1800-1852), Härkingen [83]
                ♂ Joseph Moll (1831-1884) [87]
                    ♂ Arnold Moll (1866-) [98]
                    ♂ Eugen Moll (1869-) [99]
                    ⚲ Lina Moll (1871-) [100]
                    ♂ Alois Moll (1873-) [101]
                ♂ Theodor Moll (1834-1887), Härkingen [88]
                    ⚲ Bertha Moll (1866-1931) [103]
                ⚲ A. Maria N (1836-1888), Liestal [89]
                ♂ Jakob Moll (1838-1905), Härkingen [90]
                    ⚲ Elise Moll (1873-1946), Subingen? [105]
                    ♂ Walter Moll (1874-1952), Härkingen [106]
                        ♂ Walter Moll (1907-1991) [116]
                            ⚲ Rosmarie Moll (-) [118]
                            ⚲ Alice Moll (-) [119]
                        ⚲ Ida Moll (1909-1931) [120]
                        ⚲ Marie Moll (1910-1989) [121]
                        ⚲ Klara Moll (1912-2009) [122]
                        ⚲ Anna Moll (1913-2006) [123]
                        ⚲ Luise Moll (1916-) [124]
                        ♂ Max Moll (08.07.1921-30.09.2014), Härkingen
                    ♂ Oskar Moll (1882-1958), Härkingen [107]
```

Abb.60 Die Nachfahren von Johannes Moll, verheiratet mit Catharina Oeggerlin
(Oegerli); Teil 2

Ob Johann (Stammbaum Abb. 59-61) und Jodok (Stammbaum Abb. 63)
Brüder waren, kann leider mit den dem Autor bekannten Daten nicht belegt
werden; die Wahrscheinlichkeit dafür ist jedoch gross.

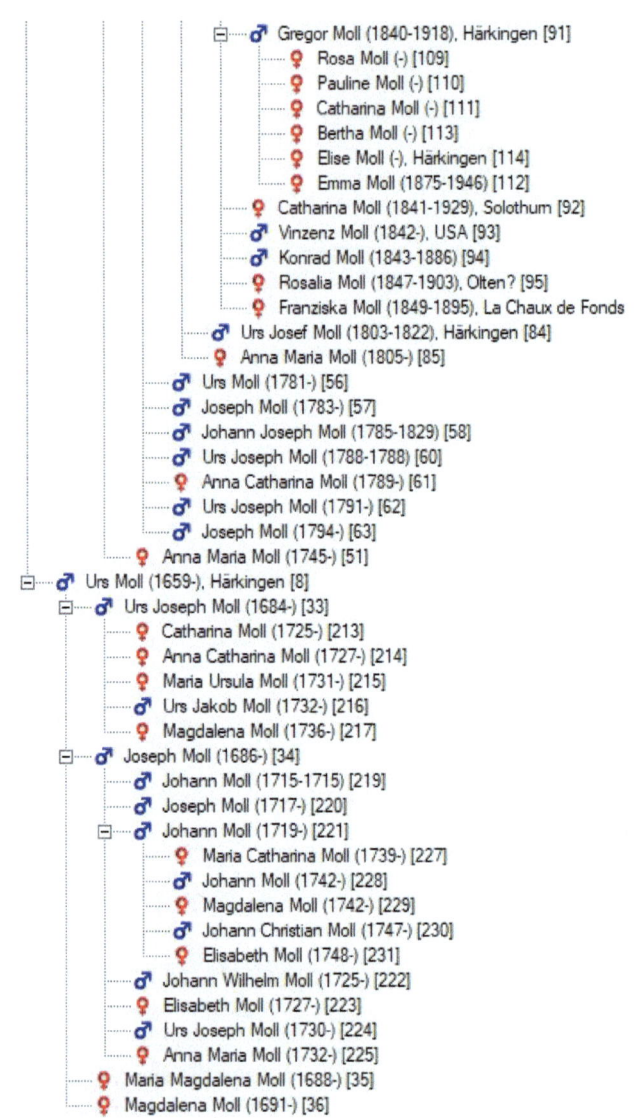

```
├─── ♂ Gregor Moll (1840-1918), Härkingen [91]
│         ├─── ♀ Rosa Moll (-) [109]
│         ├─── ♀ Pauline Moll (-) [110]
│         ├─── ♀ Catharina Moll (-) [111]
│         ├─── ♀ Bertha Moll (-) [113]
│         ├─── ♀ Elise Moll (-), Härkingen [114]
│         └─── ♀ Emma Moll (1875-1946) [112]
├─── ♀ Catharina Moll (1841-1929), Solothurn [92]
├─── ♂ Vinzenz Moll (1842-), USA [93]
├─── ♂ Konrad Moll (1843-1886) [94]
├─── ♀ Rosalia Moll (1847-1903), Olten? [95]
└─── ♀ Franziska Moll (1849-1895), La Chaux de Fonds
├─── ♂ Urs Josef Moll (1803-1822), Härkingen [84]
└─── ♀ Anna Maria Moll (1805-) [85]
├─── ♂ Urs Moll (1781-) [56]
├─── ♂ Joseph Moll (1783-) [57]
├─── ♂ Johann Joseph Moll (1785-1829) [58]
├─── ♂ Urs Joseph Moll (1788-1788) [60]
├─── ♀ Anna Catharina Moll (1789-) [61]
├─── ♂ Urs Joseph Moll (1791-) [62]
└─── ♂ Joseph Moll (1794-) [63]
├─── ♀ Anna Maria Moll (1745-) [51]
♂ Urs Moll (1659-), Härkingen [8]
├─── ♂ Urs Joseph Moll (1684-) [33]
│         ├─── ♀ Catharina Moll (1725-) [213]
│         ├─── ♀ Anna Catharina Moll (1727-) [214]
│         ├─── ♀ Maria Ursula Moll (1731-) [215]
│         ├─── ♂ Urs Jakob Moll (1732-) [216]
│         └─── ♂ Magdalena Moll (1736-) [217]
├─── ♂ Joseph Moll (1686-) [34]
│         ├─── ♂ Johann Moll (1715-1715) [219]
│         ├─── ♂ Joseph Moll (1717-) [220]
│         ├─── ♂ Johann Moll (1719-) [221]
│         │         ├─── ♀ Maria Catharina Moll (1739-) [227]
│         │         ├─── ♂ Johann Moll (1742-) [228]
│         │         ├─── ♀ Magdalena Moll (1742-) [229]
│         │         ├─── ♂ Johann Christian Moll (1747-) [230]
│         │         └─── ♀ Elisabeth Moll (1748-) [231]
│         ├─── ♂ Johann Wilhelm Moll (1725-) [222]
│         ├─── ♀ Elisabeth Moll (1727-) [223]
│         ├─── ♂ Urs Joseph Moll (1730-) [224]
│         └─── ♀ Anna Maria Moll (1732-) [225]
├─── ♀ Maria Magdalena Moll (1688-) [35]
└─── ♀ Magdalena Moll (1691-) [36]
```

Abb.61 Die Nachfahren von Johannes Moll, verheiratet mit Catharina Oeggerlin (Oegerli); Teil 3

Abb.62 Zwei Gedenkkarten aus Härkingen: Gewidmet sind diese Gregor Moll (1840-1918) und Elisabeth Moll-Altermatt (1842-1919) sowie Berta Studer-Moll (1866-1931)

Der zweite Härkinger Teilstamm geht auf *Jodocus* (Jodok, Jost) *Moll* zurück, der um 1620 Anna Bapst heiratete. – Da dieser Teilstamm relativ kurz und damit übersichtlich ist, sei an diesem Beispiel erläutert, wie die im vorliegenden Buch abgebildeten Stammbäume zu lesen sind:
Von den sieben Kindern des Jodok waren *vier* Söhne; von deren drei kennen wir die Namen der Ehefrauen und zudem die Geburtsdaten und Namen der Kinder:

Urs (*1645) ∞ Barbara Uebelhard
*1669 Johann Wilhelm, *1670 Anna Maria, *1675 Anna (+), *1678 Anna

Christian (*1651) ∞ Magdalena Baumgartner
*1675 Anna, *1677 Elisabeth, *1680 Rudolf

Johann (*1654) ∞ Maria von Arx
*1693 Johann

Von den drei Töchtern des Jodok (Catharina *1641, Anna *1643 und Barbara *1647) liegen (bis jetzt!) keine Angaben betreffend Verheiratungen vor.

91

Rudolf Moll (*1680), der Sohn von Christian, hatte mit seiner Frau Maria Stöckli zwei Söhne und drei Töchter, die zwischen 1706 und 1718 geboren wurden; Jakob (*1706), Christian (*1708), Elisabeth (*1712, Anna Maria (*1716) und Verena (*1718). Christian Moll ist dann der Ehemann von Anna Hoog aus Lostorf geworden, die miteinander vier Kinder hatten: Maria (*1731), Barbara (*1732), Urs (*1734) und Maria Barbara (1737).

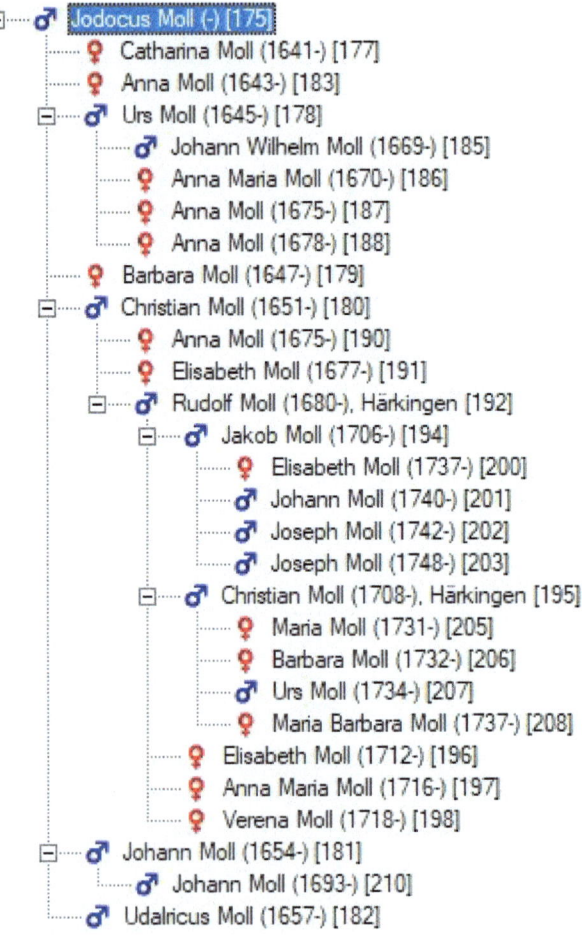

Abb.63 Stammbaum des Jodok Moll, verheiratet mit Anna Bapst.

3.4. Lommiswil

Abb. 64 Ansichten von Lommiswil (vor 1921)

3.4.1. Personen im Laufe der Zeit

Am 9. April 1744 durfte *Christian Moll,* der als erster Träger des Familiennamens "Moll" in Lommiswil erscheint, einige seiner liegenden Güter zu seinem erhofften Nutzen versteigern.

Am 24. Januar 1750 wurde dann jedoch über seine Mittel ein Inventar und wegen Gut und Schulden ein Rechnungstag angeordnet. Weil aber seine Frau versicherte, der zuvor "abgehauene" Christian werde schon wieder zurückkehren, wurde der Rechnungstag aufgehoben, sein Hab und Gut aber mit "Arrest" belegt.

Am 21. März 1755 bestimmte der Rat, dass Barbara Studer, Christian Molls Frau, wegen ihres Mannes Liederlichkeit von den ihr zu Luterbach zuge-fallenen 370 Pfund mit 70 Pfund begnügen müsse; die übrigen 300 Pfund habe der Vogtmann Mathys Meyer zu verwalten und ihr nur den jeweiligen Zins auszuhändigen.

Am 15. Juli 1757 wurden dem *Christian Moll*, seiner Frau und seinen Kindern (sie hatten je zwei Söhne und Töchter) "vier Mäss Mühliguet" zugesprochen. Dem 14jährigen *Urs Joseph Moll* wurde am 12. April 1763 an Kur- und Arztkosten zehn Pfund beigetragen.

Am 17. Januar 1780 wurde dem Vogt am Läbern berichtet, dass dem *Johannes Moll* von Lommiswil aus besonderen Gnaden gestattet sei, sich mit Anna Maria Schmid, des Urs, einer toleranten Tochter zu verehelichen.

Am 28. November 1783 wurde im Ratsmanual der Gemeinde Lommiswil festgehalten: "Wenn Johann Moll mit dem notwendigen Geld versehen (…), darf er ein neues Häuschen nach neuer Verordnung mit Latten und Etrutten erbauen und die Holzkammer wird ihm das notwendige Bauholz mit gewohnter Stocklosung zeigen lassen.

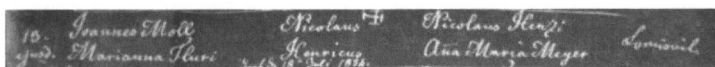

Abb.65 Am 13. Juni 1798 wurde Niklaus Heinrich Moll getauft, der Sohn von Johannes Moll und Marianna Fluri aus Lommiswil. Taufpaten waren Niklaus Henzi und Anna Maria Meyer. 56 Jahre später hat dann der Pfarrer den Todestag von Niklaus Heinrich Moll zum Taufdatum hinzugeschrieben: 18. Juli 1854.

Urs Moll, dessen Sohn im Berg ein Klafter Buchenholz zusammengelesen und in die Steingruben verkauft hatte, erhielt am 8. Januar 1794 eine Busse von zwei Pfund auferlegt; falls er nicht bezahle, sollte er am Leib bestraft werden.

1813 kehrte *Josef Moll* mit "Congé de réforme" und einem chirurgischen Zeugnis aus spanischen Diensten zurück und wurde zur Pensionierung empfohlen.
Der Invalide *Urs Moll*, ehemaliger Soldat des zweiten Schweizerregimentes, erhielt 1816 per Quartal vier Mäss Mühliguet.

Am 8. September 1817 verbrannte das Haus Nummer elf der Brüder *Urs und Urs Josef Moll*. Das den Bewohnern keine Vernachlässigung zur Last gelegt werden konnte, beschloss der Rat am 3. Oktober 1817, ihnen durch die Brandassekuranz eine Entschädigung von 850 Pfund zu bezahlen, nachdem die Berichte des Amtsstatthalters am Läbern, F. Tugginer, des Finanzrates, der Feuerschauers, der Brandgeschädigten sowie ein Untersuchungsbericht vom Friedenrichter Joseph von Burg und Joseph Flury des Gerichts zur Kenntnis genommen worden waren.

Etwas später wurden den Brandgeschädigten *Johann Moll* und seiner Mutter Bauholz für einen Neubau bewilligt.

Im Jahre 1856 brannte das Althüsli nieder, ein Berghof der Althüsli-korporation. Bewohnt war es zu dieser Zeit von den Lommiswilern, dem Hirten Josef Moll, seinem Sohn Urs, seiner Tochter Anna Maria und weiteren drei Personen.[84]

---

[84] Flury Erhard; Lommiswil, die Geschichte eines Dorfes am Fusse der Hasenmatt, 104f,116,137 und 154 (1992)

An die Badekuren von *Viktor Moll* wegen offenen Beins wurden 1812 Beiträge bewilligt. *Urs Moll* erhielt eine Gratifikation von 7,5 Pfund wegen männlicher Zwillingsgeburt!

Im Verlaufe des Jahres 1821 wurde im Ratsmanual festgehalten, dass der *Schneider Moll* von Lommiswil von acht Herbetswilern misshandelt wurde.

Im Jahre 1847 wurden dem Urs Moll aus dem Kapellenfonds eine Unterstützung von Fr. 13.80 an einen Ofen gewährt.

Das Gemeindeversammlungsprotokoll vom 7. Oktober 1866 erwähnt den Steinhauer *Urs Moll* und 1870 den Steinhauer *Johann Moll*.

Gemäss der Viehzählung vom 21. April 1876 besass *Urs Moll* vier Kühe, ein Schaf, eine Ziege und drei Bienenstöcke. *Johann Moll* war Besitzer von einer Kuh, eines Schafes und einer Ziege.

Peter Moll war seit 1881 Mitglied der Musikgesellschaft Lommiswil, ist dann jedoch im Mitglieder-Verzeichnis von 1889-1892 nicht mehr zu finden. (284)

1897 wurde die Steingrube im Eichgraben an Urs Josef Moll von Lommiswil und Josef Sieber von Oberdorf gegen einen jährlichen Zins von Fr. 163.- für 12 Jahre verpachtet. Es wurde ein besonderer Vertrag abgeschlossen, der im Gemeindearchiv aufbewahrt werden sollte.

Im Adressbuch für Stadt und Land des Kt. Solothurn von 1896/97 und 1898/99 ist unter "Negotianten" (also "Händler, Kaufmann") zu finden: *Moll, Urs Josef.*[85]

3.4.2. Genealogie der Familien-Teilstämme aus Lommiswil

Abb.66 Am 31. August 1748 wurde Johannes Moll getauft, Sohn von Christian Moll und Barbara Stuber

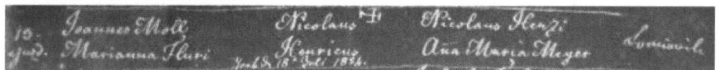

Abb.67 Am 13. Juli 1798 wurde Johannes Moll und Marianne Fluri ihren Sohn Nicolaus Heinrich getauft. Im Alter von 56 Jahren verstarb dieser am 18. Juli 1854.

---

[85] Flury Erhard; Lommiswil, die Geschichte eines Dorfes am Fusse der Hasenmatt, S.163, 187ff, 221f, 234, 257f, 262 (1992)

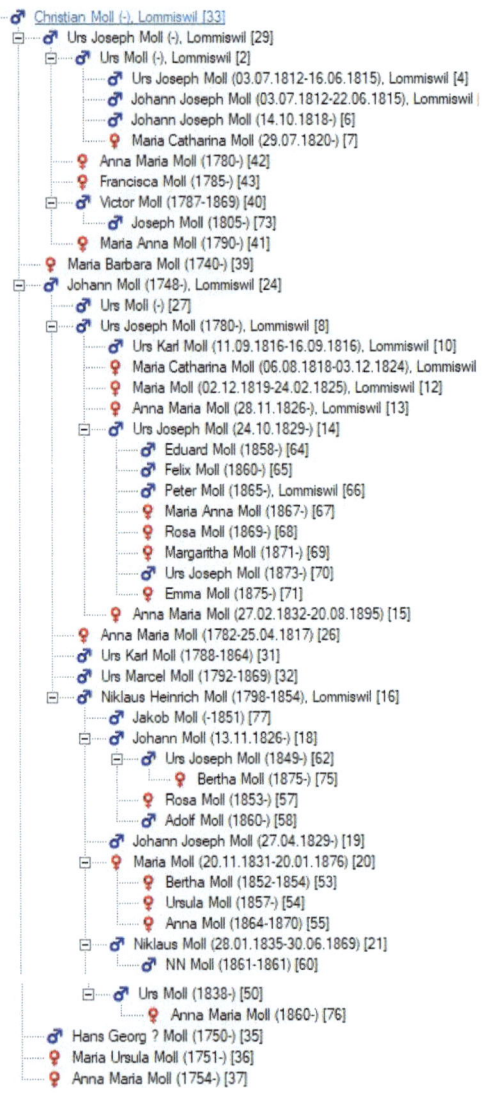

- ♂ Christian Moll (-), Lommiswil [33]
  - ♂ Urs Joseph Moll (-), Lommiswil [29]
    - ♂ Urs Moll (-), Lommiswil [2]
      - ♂ Urs Joseph Moll (03.07.1812-16.06.1815), Lommiswil [4]
      - ♂ Johann Joseph Moll (03.07.1812-22.06.1815), Lommiswil |
      - ♂ Johann Joseph Moll (14.10.1818-) [6]
      - ♀ Maria Catharina Moll (29.07.1820-) [7]
    - ♀ Anna Maria Moll (1780-) [42]
    - ♀ Francisca Moll (1785-) [43]
    - ♂ Victor Moll (1787-1869) [40]
      - ♂ Joseph Moll (1805-) [73]
    - ♀ Maria Anna Moll (1790-) [41]
  - ♀ Maria Barbara Moll (1740-) [39]
  - ♂ Johann Moll (1748-), Lommiswil [24]
    - ♂ Urs Moll (-) [27]
    - ♂ Urs Joseph Moll (1780-), Lommiswil [8]
      - ♂ Urs Karl Moll (11.09.1816-16.09.1816), Lommiswil [10]
      - ♀ Maria Catharina Moll (06.08.1818-03.12.1824), Lommiswil
      - ♀ Maria Moll (02.12.1819-24.02.1825), Lommiswil [12]
      - ♀ Anna Maria Moll (28.11.1826-), Lommiswil [13]
      - ♂ Urs Joseph Moll (24.10.1829-) [14]
        - ♂ Eduard Moll (1858-) [64]
        - ♂ Felix Moll (1860-) [65]
        - ♂ Peter Moll (1865-), Lommiswil [66]
        - ♀ Maria Anna Moll (1867-) [67]
        - ♀ Rosa Moll (1869-) [68]
        - ♀ Margaritha Moll (1871-) [69]
        - ♂ Urs Joseph Moll (1873-) [70]
        - ♀ Emma Moll (1875-) [71]
      - ♀ Anna Maria Moll (27.02.1832-20.08.1895) [15]
    - ♀ Anna Maria Moll (1782-25.04.1817) [26]
    - ♂ Urs Karl Moll (1788-1864) [31]
    - ♂ Urs Marcel Moll (1792-1869) [32]
    - ♂ Niklaus Heinrich Moll (1798-1854), Lommiswil [16]
      - ♂ Jakob Moll (-1851) [77]
      - ♂ Johann Moll (13.11.1826-) [18]
        - ♂ Urs Joseph Moll (1849-) [62]
          - ♀ Bertha Moll (1875-) [75]
        - ♀ Rosa Moll (1853-) [57]
        - ♂ Adolf Moll (1860-) [58]
      - ♂ Johann Joseph Moll (27.04.1829-) [19]
      - ♀ Maria Moll (20.11.1831-20.01.1876) [20]
        - ♀ Bertha Moll (1852-1854) [53]
        - ♀ Ursula Moll (1857-) [54]
        - ♀ Anna Moll (1864-1870) [55]
      - ♂ Niklaus Moll (28.01.1835-30.06.1869) [21]
        - ♂ NN Moll (1861-1861) [60]
      - ♂ Urs Moll (1838-) [50]
        - ♀ Anna Maria Moll (1860-) [76]
  - ♂ Hans Georg ? Moll (1750-) [35]
  - ♀ Maria Ursula Moll (1751-) [36]
  - ♀ Anna Maria Moll (1754-) [37]

Abb.68 Die Nachkommen von Christian Moll, der als erster Moll in
Lommiswil heimatberechtigt war.

96

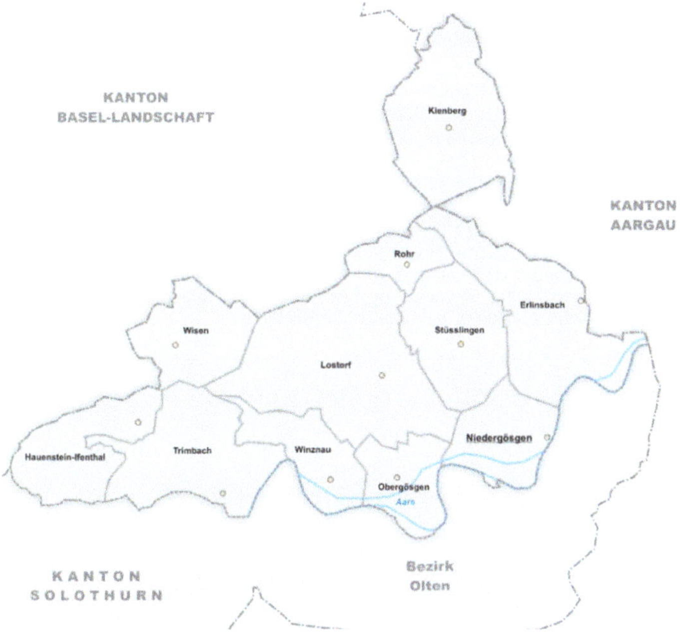
KANTON
BASEL-LANDSCHAFT
Kienberg
KANTON
AARGAU
Rohr
Erlinsbach
Wisen
Stüsslingen
Lostorf
Hauenstein-Ifenthal
Trimbach
Winznau
Niedergösgen
Obergösgen
Aare
KANTON
SOLOTHURN
Bezirk
Olten

Abb.69 Der solothurnische Bezirk Gösgen mit seinen Gemeinden [Wikipedia, Tschubby]

3.5. Lostorf

3.5.1. Personen im Laufe der Zeit

Die Moll-Familien von Lostorf können grösstenteils auf *eine* Stammfamilie zurückgeführt werden: *Jakob Moll* und Margrith Lämmli haben um 1612 geheiratet und hatten sieben, eventuell sogar acht Kinder, von denen drei Söhne wiederum Väter von Stammhaltern waren.

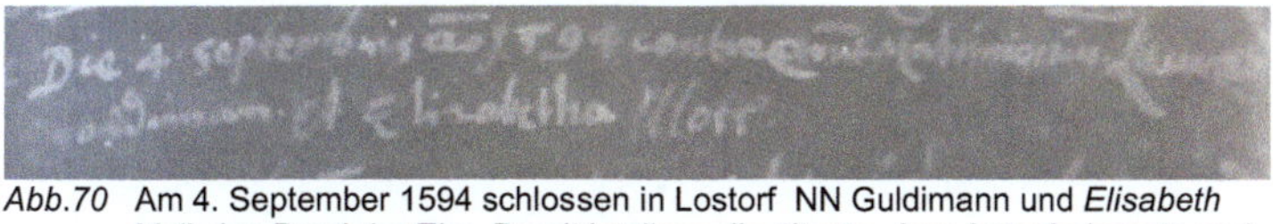

Abb.70 Am 4. September 1594 schlossen in Lostorf NN Guldimann und *Elisabeth Moll* den Bund der Ehe. Damit ist diese die älteste, dem Autor bekannte und urkundlich bestätigte Vermählung einer Person namens Moll im Kanton Solothurn.

Von der Stammfamilie Moll-Lämmli sind heute 12 Folge-Generationen bekannt, die 13. ist am Heranwachsen.

Eine Teilstamm, der mit *Heinrich Moll* beginnt, der 1668 Elisabeth Müller geheiratet hat, geht mit hoher Wahrscheinlichkeit auf dieselbe Linie zurück: Auf die Eltern oder Grosseltern von *Jakob Moll-Lämmli*.

Abb.71 Am 14. Januar 1595 heiratete *Johannes Moll* Margaretha Mersing. Somit ist seine Vermählung die älteste, dem Autor bekannte und urkundlich bestätigte eines Mannes namens Moll im Kanton Solothurn.

Abb.72 Das Schloss Wartenfels, das sich über Lostorf erhebt, um 1760.
[Quelle: Wikipedia; Emanuel Büchel - Zentralbibliothek Solothurn]

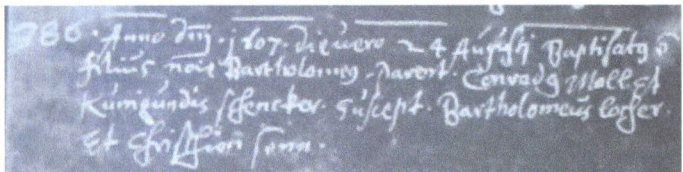

Abb.73 Am 24. August 1607 wurde Bartholomäus, der Sohn von Conrad Moll und Kunigunda Schencker getauft; er ist damit das erste Kind namens Moll in den Pfarrbüchern von Lostorf.

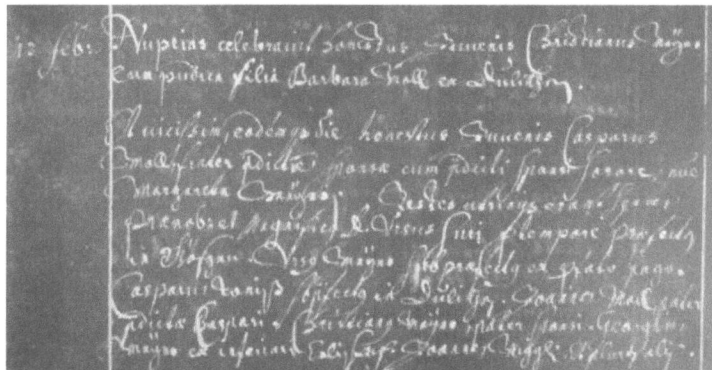

Abb.74 Am 13. Februar 1662 feierte man eine grosse Hochzeit in Lostorf: Christian Meyer und Barbara Moll sowie Caspar Moll und Margaretha Meyer, jeweils Bruder und Schwester, gaben sich in Anwesenheit zahlreicher Würdenträger das Ja-Wort. Der damalige Vogt von Gösgen, Urs (von) Suri und die beiden Untervögte Urs Meyer und Caspar Wyss (Dulliken) zählten zu den Trauzeugen, wie auch die beiden Väter der frisch getrauten Eheleute, Johann Moll und Christian Meyer.

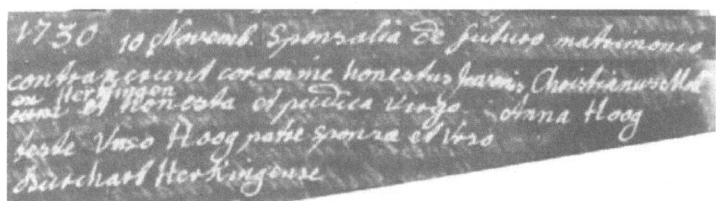

Abb.75 Am 10. November 1730 heiratete Christian Moll von Härkingen in Lostorf Anna Hoog von Lostorf. Trauzeugen waren Urs Hoog (der Vater der Braut) und Urs Burchart von Härkingen. - Dies beweist, dass zwischen den verschiedenen Dörfern, wo die Moll-Familien damals lebten, sehr wohl Kontakte bestanden, auch wenn man sich quasi "um Olten herum" von Westen nach Osten oder umgekehrt begeben musste.

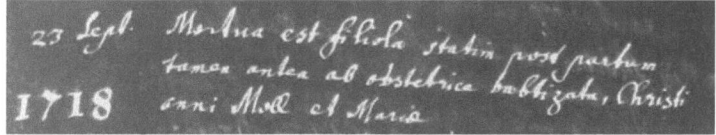

Abb.76 Am 23. September 1718 verstarb in Lostorf kurz nach der Geburt das Töchterchen von Christian und Maria Moll, getauft von der Hebamme. Ein Namen wird nicht genannt, wie dies oft bei Kindstod kurz nach der Geburt der Fall war.

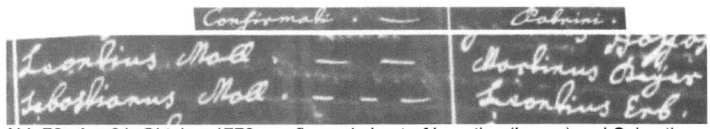

Abb.77 Am 25. Januar 1741 verstarb im Alter von ca. 60 Jahren Maria Rötheli, die mit Johann Heinrich Moll verheiratet war. Das Ehepaar trug also denselben Namen wie die Familie des Buchautors, der seit 1986 mit Esther Rötheli von Härkingen verheiratet ist: Moll-Rötheli (Auszug aus dem Lostorfer Pfarrbuch; Nr. 160, S. 375).

Um 1760 ist in Lostorf die Entstehung eines weiteren Moll-Teilstamms zu vermerken, dessen Ursprung jedoch höchstwahrscheinlich auch auf die bereits erwähnte "Stammfamilie" der Lostorfer Moll zurückgeht: *Christian Moll* vermählt sich mit Elisabeth Maritz, deren Sohn Johann Jakob (*1764) mit Maria Eng im Jahre 1787 eine Grossfamilie gründet, wo weitere Stammhalter geboren werden.

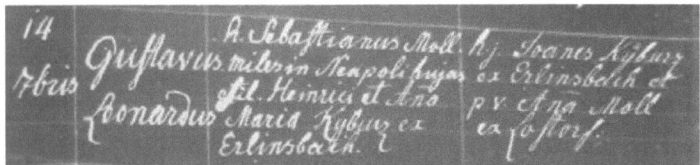

Abb.78 Am 21. Oktober 1776 empfingen in Lostorf Leontius (Leonz) und Sebastian Moll das heilige Sakrament der Firmung. Firmpaten waren Martin Peyer und Leonz Erb (Auszug aus dem Lostorfer Pfarrbuch; Nr. 161, S. 95).

Nach der Restauration verhandelte Ferdinand (Bourbone, 1751-1825), der als Ferdinand I. soeben König beider Sizilien geworden war, mit der eidgenössischen Tagsatzung und schloss 1824 mit Luzern, Uri, Unterwalden und Appenzell Innerrhoden sowie ein Jahr später mit Solothurn und Freiburg Verträge über den Aufbau von zwei Regimentern ab. Wallis, Graubünden und Schwyz stellten 1826 das dritte, Bern 1829 das vierte Regiment.[86]
Mit *Sebastian Moll* war u.a. auch ein Lostorfer (wahrscheinlich im vierten Regiment) in Ferdinands Diensten:

Abb.79 Am 14 September 1826 wurde in Lostorf Gustav Leonard Moll getauft. Dessen Vater Sebastian, Sohn des Heinrich Moll, war zu dieser Zeit Soldat in Neapel (Auszug aus dem Lostorfer Pfarrbuch; Nr. 162, S. 75).

---

[86] Historisches Lexikon der Schweiz, Band 9, S. 110 (2010)

3.5.2. Genealogie der Familien-Teilstämme aus Lostorf

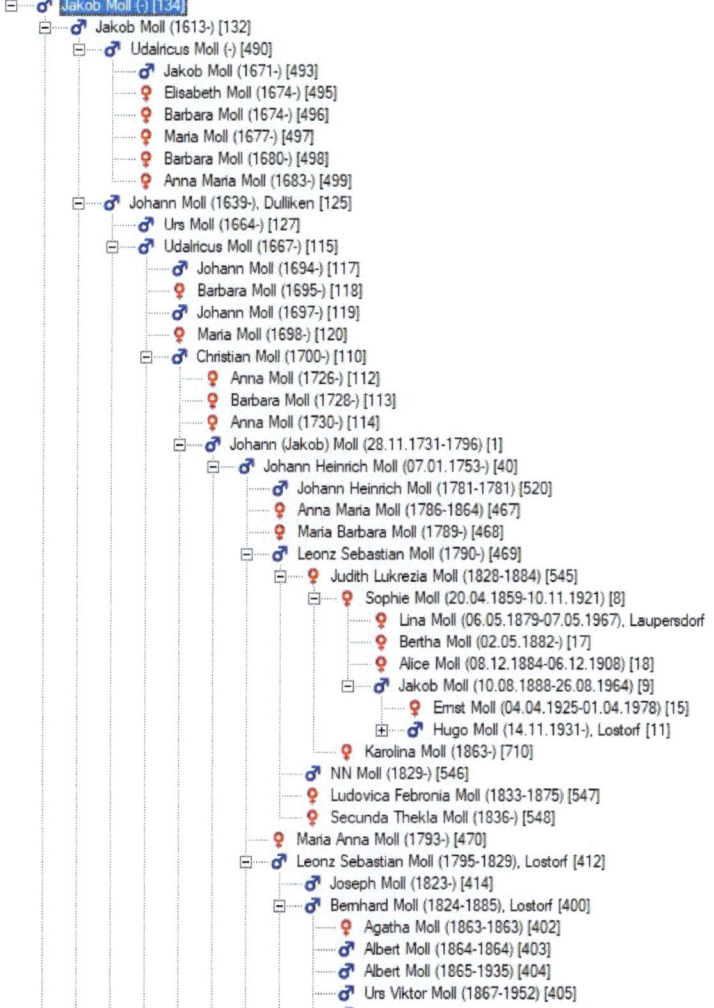

```
☐··♂ Jakob Moll (-) [134]
   ☐··♂ Jakob Moll (1613-) [132]
      ☐··♂ Udalricus Moll (-) [490]
         ···♂ Jakob Moll (1671-) [493]
         ···♀ Elisabeth Moll (1674-) [495]
         ···♀ Barbara Moll (1674-) [496]
         ···♀ Maria Moll (1677-) [497]
         ···♀ Barbara Moll (1680-) [498]
         ···♀ Anna Maria Moll (1683-) [499]
      ☐··♂ Johann Moll (1639-), Dulliken [125]
         ···♂ Urs Moll (1664-) [127]
         ☐··♂ Udalricus Moll (1667-) [115]
            ···♂ Johann Moll (1694-) [117]
            ···♀ Barbara Moll (1695-) [118]
            ···♂ Johann Moll (1697-) [119]
            ···♀ Maria Moll (1698-) [120]
            ☐··♂ Christian Moll (1700-) [110]
               ···♀ Anna Moll (1726-) [112]
               ···♀ Barbara Moll (1728-) [113]
               ···♀ Anna Moll (1730-) [114]
               ☐··♂ Johann (Jakob) Moll (28.11.1731-1796) [1]
                  ☐··♂ Johann Heinrich Moll (07.01.1753-) [40]
                     ···♂ Johann Heinrich Moll (1781-1781) [520]
                     ···♀ Anna Maria Moll (1786-1864) [467]
                     ···♀ Maria Barbara Moll (1789-) [468]
                     ☐··♂ Leonz Sebastian Moll (1790-) [469]
                        ☐··♀ Judith Lukrezia Moll (1828-1884) [545]
                           ☐··♀ Sophie Moll (20.04.1859-10.11.1921) [8]
                              ···♀ Lina Moll (06.05.1879-07.05.1967), Laupersdorf
                              ···♀ Bertha Moll (02.05.1882-) [17]
                              ···♀ Alice Moll (08.12.1884-06.12.1908) [18]
                              ☐··♂ Jakob Moll (10.08.1888-26.08.1964) [9]
                                 ···♀ Ernst Moll (04.04.1925-01.04.1978) [15]
                                 ⊞··♂ Hugo Moll (14.11.1931-), Lostorf [11]
                           ···♀ Karolina Moll (1863-) [710]
                     ···♂ NN Moll (1829-) [546]
                     ···♀ Ludovica Febronia Moll (1833-1875) [547]
                     ···♀ Secunda Thekla Moll (1836-) [548]
                  ···♀ Maria Anna Moll (1793-) [470]
                  ☐··♂ Leonz Sebastian Moll (1795-1829), Lostorf [412]
                     ···♂ Joseph Moll (1823-) [414]
                     ☐··♂ Bernhard Moll (1824-1885), Lostorf [400]
                        ···♀ Agatha Moll (1863-1863) [402]
                        ···♂ Albert Moll (1864-1864) [403]
                        ···♂ Albert Moll (1865-1935) [404]
                        ···♂ Urs Viktor Moll (1867-1952) [405]
```

Abb.00 Stammbaum von Jakob Moll, der mit Margrith Lämmli verheiratet war (Teil 1)

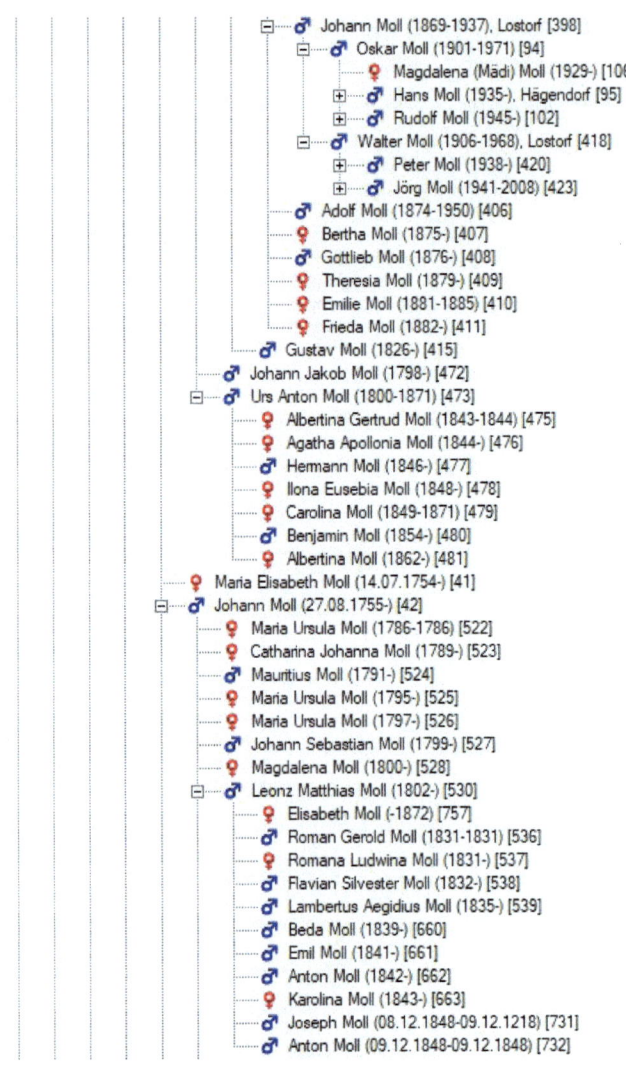

```
├─ ♂ Johann Moll (1869-1937), Lostorf [398]
│     ├─ ♂ Oskar Moll (1901-1971) [94]
│     │     ├─ ♀ Magdalena (Mädi) Moll (1929-) [106]
│     │     ├─ ♂ Hans Moll (1935-), Hägendorf [95]
│     │     └─ ♂ Rudolf Moll (1945-) [102]
│     └─ ♂ Walter Moll (1906-1968), Lostorf [418]
│           ├─ ♂ Peter Moll (1938-) [420]
│           └─ ♂ Jörg Moll (1941-2008) [423]
├─ ♂ Adolf Moll (1874-1950) [406]
├─ ♀ Bertha Moll (1875-) [407]
├─ ♂ Gottlieb Moll (1876-) [408]
├─ ♀ Theresia Moll (1879-) [409]
├─ ♀ Emilie Moll (1881-1885) [410]
└─ ♀ Frieda Moll (1882-) [411]
♂ Gustav Moll (1826-) [415]
♂ Johann Jakob Moll (1798-) [472]
♂ Urs Anton Moll (1800-1871) [473]
├─ ♀ Albertina Gertrud Moll (1843-1844) [475]
├─ ♀ Agatha Apollonia Moll (1844-) [476]
├─ ♂ Hermann Moll (1846-) [477]
├─ ♀ Ilona Eusebia Moll (1848-) [478]
├─ ♀ Carolina Moll (1849-1871) [479]
├─ ♂ Benjamin Moll (1854-) [480]
└─ ♀ Albertina Moll (1862-) [481]
♀ Maria Elisabeth Moll (14.07.1754-) [41]
♂ Johann Moll (27.08.1755-) [42]
├─ ♀ Maria Ursula Moll (1786-1786) [522]
├─ ♀ Catharina Johanna Moll (1789-) [523]
├─ ♂ Mauritius Moll (1791-) [524]
├─ ♀ Maria Ursula Moll (1795-) [525]
├─ ♀ Maria Ursula Moll (1797-) [526]
├─ ♂ Johann Sebastian Moll (1799-) [527]
├─ ♀ Magdalena Moll (1800-) [528]
└─ ♂ Leonz Matthias Moll (1802-) [530]
      ├─ ♀ Elisabeth Moll (-1872) [757]
      ├─ ♂ Roman Gerold Moll (1831-1831) [536]
      ├─ ♀ Romana Ludwina Moll (1831-) [537]
      ├─ ♂ Flavian Silvester Moll (1832-) [538]
      ├─ ♂ Lambertus Aegidius Moll (1835-) [539]
      ├─ ♂ Beda Moll (1839-) [660]
      ├─ ♂ Emil Moll (1841-) [661]
      ├─ ♂ Anton Moll (1842-) [662]
      ├─ ♀ Karolina Moll (1843-) [663]
      ├─ ♂ Joseph Moll (08.12.1848-09.12.1218) [731]
      └─ ♂ Anton Moll (09.12.1848-09.12.1848) [732]
```

Abb.81 Stammbaum von Jakob Moll (Teil 2)

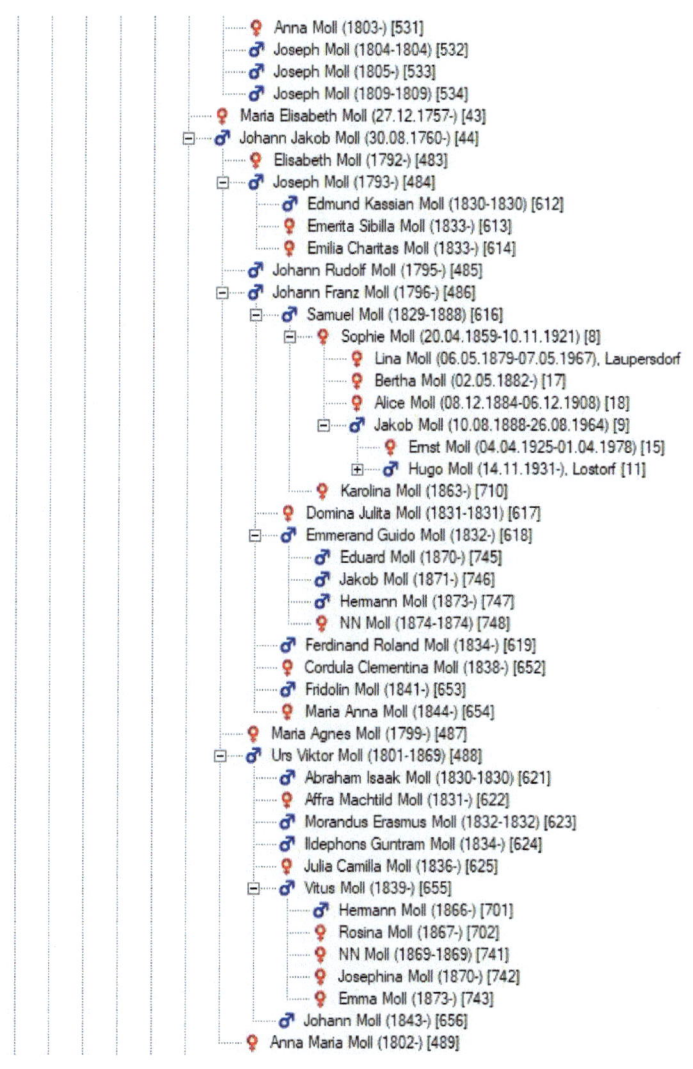

- ♀ Anna Moll (1803-) [531]
- ♂ Joseph Moll (1804-1804) [532]
- ♂ Joseph Moll (1805-) [533]
- ♂ Joseph Moll (1809-1809) [534]
- ♀ Maria Elisabeth Moll (27.12.1757-) [43]
- ♂ Johann Jakob Moll (30.08.1760-) [44]
  - ♀ Elisabeth Moll (1792-) [483]
  - ♂ Joseph Moll (1793-) [484]
    - ♂ Edmund Kassian Moll (1830-1830) [612]
    - ♀ Emerita Sibilla Moll (1833-) [613]
    - ♀ Emilia Charitas Moll (1833-) [614]
  - ♂ Johann Rudolf Moll (1795-) [485]
  - ♂ Johann Franz Moll (1796-) [486]
    - ♂ Samuel Moll (1829-1888) [616]
      - ♀ Sophie Moll (20.04.1859-10.11.1921) [8]
        - ♀ Lina Moll (06.05.1879-07.05.1967), Laupersdorf
        - ♀ Bertha Moll (02.05.1882-) [17]
        - ♀ Alice Moll (08.12.1884-06.12.1908) [18]
        - ♂ Jakob Moll (10.08.1888-26.08.1964) [9]
          - ♀ Ernst Moll (04.04.1925-01.04.1978) [15]
          - ♂ Hugo Moll (14.11.1931-), Lostorf [11]
      - ♀ Karolina Moll (1863-) [710]
    - ♀ Domina Julita Moll (1831-1831) [617]
    - ♂ Emmerand Guido Moll (1832-) [618]
      - ♂ Eduard Moll (1870-) [745]
      - ♂ Jakob Moll (1871-) [746]
      - ♂ Hermann Moll (1873-) [747]
      - ♀ NN Moll (1874-1874) [748]
    - ♂ Ferdinand Roland Moll (1834-) [619]
    - ♀ Cordula Clementina Moll (1838-) [652]
    - ♂ Fridolin Moll (1841-) [653]
    - ♀ Maria Anna Moll (1844-) [654]
  - ♀ Maria Agnes Moll (1799-) [487]
  - ♂ Urs Viktor Moll (1801-1869) [488]
    - ♂ Abraham Isaak Moll (1830-1830) [621]
    - ♀ Affra Machtild Moll (1831-) [622]
    - ♂ Morandus Erasmus Moll (1832-1832) [623]
    - ♂ Ildephons Guntram Moll (1834-) [624]
    - ♀ Julia Camilla Moll (1836-) [625]
    - ♂ Vitus Moll (1839-) [655]
      - ♂ Hermann Moll (1866-) [701]
      - ♀ Rosina Moll (1867-) [702]
      - ♀ NN Moll (1869-1869) [741]
      - ♀ Josephina Moll (1870-) [742]
      - ♀ Emma Moll (1873-) [743]
    - ♂ Johann Moll (1843-) [656]
  - ♀ Anna Maria Moll (1802-) [489]

Abb.82 Stammbaum von Jakob Moll (Teil 3)

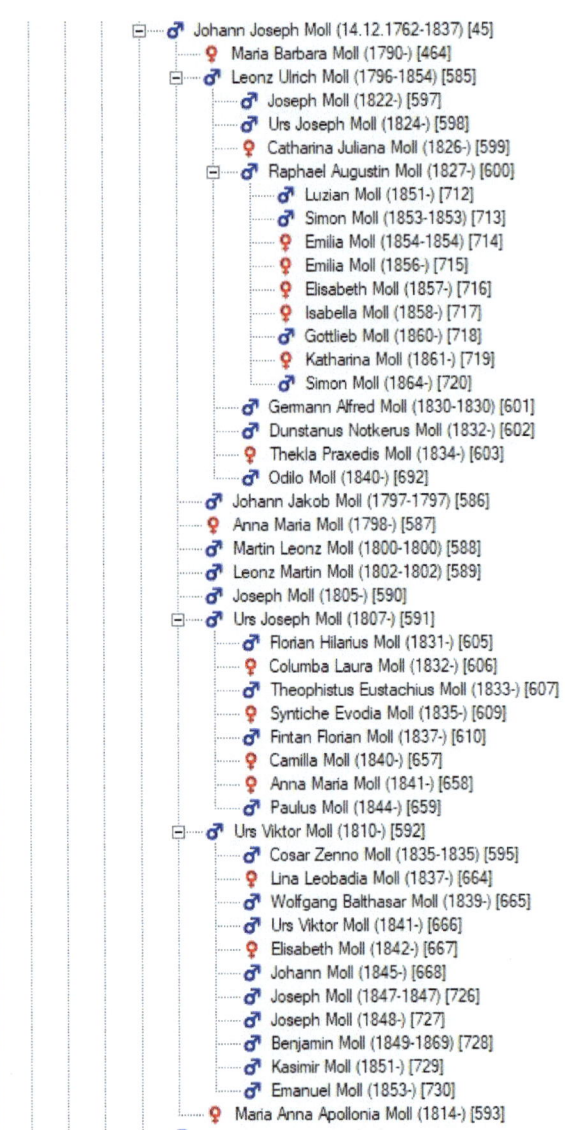

- ♂ Johann Joseph Moll (14.12.1762-1837) [45]
  - ♀ Maria Barbara Moll (1790-) [464]
  - ♂ Leonz Ulrich Moll (1796-1854) [585]
    - ♂ Joseph Moll (1822-) [597]
    - ♂ Urs Joseph Moll (1824-) [598]
    - ♀ Catharina Juliana Moll (1826-) [599]
    - ♂ Raphael Augustin Moll (1827-) [600]
      - ♂ Luzian Moll (1851-) [712]
      - ♂ Simon Moll (1853-1853) [713]
      - ♀ Emilia Moll (1854-1854) [714]
      - ♀ Emilia Moll (1856-) [715]
      - ♀ Elisabeth Moll (1857-) [716]
      - ♀ Isabella Moll (1858-) [717]
      - ♂ Gottlieb Moll (1860-) [718]
      - ♀ Katharina Moll (1861-) [719]
      - ♂ Simon Moll (1864-) [720]
    - ♂ Germann Alfred Moll (1830-1830) [601]
    - ♂ Dunstanus Notkerus Moll (1832-) [602]
    - ♀ Thekla Praxedis Moll (1834-) [603]
    - ♂ Odilo Moll (1840-) [692]
  - ♂ Johann Jakob Moll (1797-1797) [586]
  - ♀ Anna Maria Moll (1798-) [587]
  - ♂ Martin Leonz Moll (1800-1800) [588]
  - ♂ Leonz Martin Moll (1802-1802) [589]
  - ♂ Joseph Moll (1805-) [590]
  - ♂ Urs Joseph Moll (1807-) [591]
    - ♂ Florian Hilarius Moll (1831-) [605]
    - ♀ Columba Laura Moll (1832-) [606]
    - ♂ Theophistus Eustachius Moll (1833-) [607]
    - ♀ Syntiche Evodia Moll (1835-) [609]
    - ♂ Fintan Florian Moll (1837-) [610]
    - ♀ Camilla Moll (1840-) [657]
    - ♀ Anna Maria Moll (1841-) [658]
    - ♂ Paulus Moll (1844-) [659]
  - ♂ Urs Viktor Moll (1810-) [592]
    - ♂ Cosar Zenno Moll (1835-1835) [595]
    - ♀ Lina Leobadia Moll (1837-) [664]
    - ♂ Wolfgang Balthasar Moll (1839-) [665]
    - ♂ Urs Viktor Moll (1841-) [666]
    - ♀ Elisabeth Moll (1842-) [667]
    - ♂ Johann Moll (1845-) [668]
    - ♂ Joseph Moll (1847-1847) [726]
    - ♂ Joseph Moll (1848-) [727]
    - ♂ Benjamin Moll (1849-1869) [728]
    - ♂ Kasimir Moll (1851-) [729]
    - ♂ Emanuel Moll (1853-) [730]
  - ♀ Maria Anna Apollonia Moll (1814-) [593]

Abb.83 Stammbaum von Jakob Moll (Teil 4)

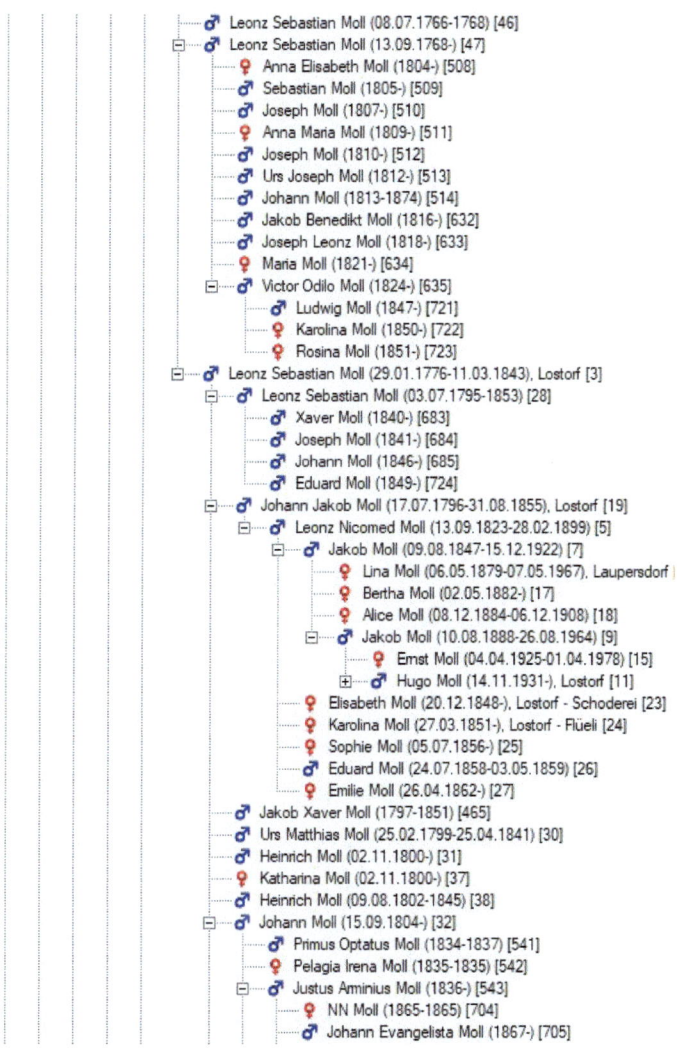

- ♂ Leonz Sebastian Moll (08.07.1766-1768) [46]
- ♂ Leonz Sebastian Moll (13.09.1768-) [47]
  - ♀ Anna Elisabeth Moll (1804-) [508]
  - ♂ Sebastian Moll (1805-) [509]
  - ♂ Joseph Moll (1807-) [510]
  - ♀ Anna Maria Moll (1809-) [511]
  - ♂ Joseph Moll (1810-) [512]
  - ♂ Urs Joseph Moll (1812-) [513]
  - ♂ Johann Moll (1813-1874) [514]
  - ♂ Jakob Benedikt Moll (1816-) [632]
  - ♂ Joseph Leonz Moll (1818-) [633]
  - ♀ Maria Moll (1821-) [634]
  - ♂ Victor Odilo Moll (1824-) [635]
    - ♂ Ludwig Moll (1847-) [721]
    - ♀ Karolina Moll (1850-) [722]
    - ♀ Rosina Moll (1851-) [723]
- ♂ Leonz Sebastian Moll (29.01.1776-11.03.1843), Lostorf [3]
  - ♂ Leonz Sebastian Moll (03.07.1795-1853) [28]
    - ♂ Xaver Moll (1840-) [683]
    - ♂ Joseph Moll (1841-) [684]
    - ♂ Johann Moll (1846-) [685]
    - ♂ Eduard Moll (1849-) [724]
  - ♂ Johann Jakob Moll (17.07.1796-31.08.1855), Lostorf [19]
    - ♂ Leonz Nicomed Moll (13.09.1823-28.02.1899) [5]
      - ♂ Jakob Moll (09.08.1847-15.12.1922) [7]
        - ♀ Lina Moll (06.05.1879-07.05.1967), Laupersdorf |
        - ♀ Bertha Moll (02.05.1882-) [17]
        - ♀ Alice Moll (08.12.1884-06.12.1908) [18]
        - ♂ Jakob Moll (10.08.1888-26.08.1964) [9]
          - ♀ Ernst Moll (04.04.1925-01.04.1978) [15]
          - ♂ Hugo Moll (14.11.1931-), Lostorf [11]
      - ♀ Elisabeth Moll (20.12.1848-), Lostorf - Schoderei [23]
      - ♀ Karolina Moll (27.03.1851-), Lostorf - Flüeli [24]
      - ♀ Sophie Moll (05.07.1856-) [25]
      - ♂ Eduard Moll (24.07.1858-03.05.1859) [26]
      - ♀ Emilie Moll (26.04.1862-) [27]
  - ♂ Jakob Xaver Moll (1797-1851) [465]
  - ♂ Urs Matthias Moll (25.02.1799-25.04.1841) [30]
  - ♂ Heinrich Moll (02.11.1800-) [31]
  - ♀ Katharina Moll (02.11.1800-) [37]
  - ♂ Heinrich Moll (09.08.1802-1845) [38]
  - ♂ Johann Moll (15.09.1804-) [32]
    - ♂ Primus Optatus Moll (1834-1837) [541]
    - ♀ Pelagia Irena Moll (1835-1835) [542]
    - ♂ Justus Aminius Moll (1836-) [543]
      - ♀ NN Moll (1865-1865) [704]
      - ♂ Johann Evangelista Moll (1867-) [705]

Abb.84 Stammbaum von Jakob Moll (Teil 5)

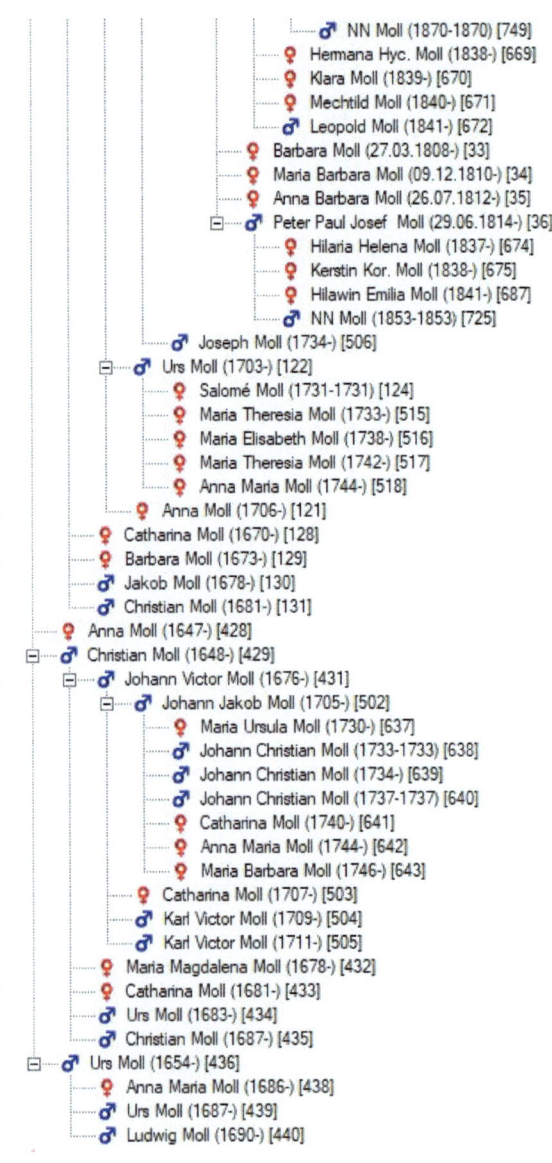

```
                                    ♂ NN Moll (1870-1870) [749]
                                  ♀ Hermana Hyc. Moll (1838-) [669]
                                  ♀ Klara Moll (1839-) [670]
                                  ♀ Mechtild Moll (1840-) [671]
                                  ♂ Leopold Moll (1841-) [672]
                           ♀ Barbara Moll (27.03.1808-) [33]
                           ♀ Maria Barbara Moll (09.12.1810-) [34]
                           ♀ Anna Barbara Moll (26.07.1812-) [35]
                        ⊟ ♂ Peter Paul Josef  Moll (29.06.1814-) [36]
                                  ♀ Hilaria Helena Moll (1837-) [674]
                                  ♀ Kerstin Kor. Moll (1838-) [675]
                                  ♀ Hilawin Emilia Moll (1841-) [687]
                                  ♂ NN Moll (1853-1853) [725]
                     ♂ Joseph Moll (1734-) [506]
               ⊟ ♂ Urs Moll (1703-) [122]
                        ♀ Salomé Moll (1731-1731) [124]
                        ♀ Maria Theresia Moll (1733-) [515]
                        ♀ Maria Elisabeth Moll (1738-) [516]
                        ♀ Maria Theresia Moll (1742-) [517]
                        ♀ Anna Maria Moll (1744-) [518]
               ♀ Anna Moll (1706-) [121]
            ♀ Catharina Moll (1670-) [128]
            ♀ Barbara Moll (1673-) [129]
            ♂ Jakob Moll (1678-) [130]
            ♂ Christian Moll (1681-) [131]
         ♀ Anna Moll (1647-) [428]
   ⊟ ♂ Christian Moll (1648-) [429]
      ⊟ ♂ Johann Victor Moll (1676-) [431]
         ⊟ ♂ Johann Jakob Moll (1705-) [502]
                  ♀ Maria Ursula Moll (1730-) [637]
                  ♂ Johann Christian Moll (1733-1733) [638]
                  ♂ Johann Christian Moll (1734-) [639]
                  ♂ Johann Christian Moll (1737-1737) [640]
                  ♀ Catharina Moll (1740-) [641]
                  ♀ Anna Maria Moll (1744-) [642]
                  ♀ Maria Barbara Moll (1746-) [643]
            ♀ Catharina Moll (1707-) [503]
            ♂ Karl Victor Moll (1709-) [504]
            ♂ Karl Victor Moll (1711-) [505]
         ♀ Maria Magdalena Moll (1678-) [432]
         ♀ Catharina Moll (1681-) [433]
         ♂ Urs Moll (1683-) [434]
         ♂ Christian Moll (1687-) [435]
   ⊟ ♂ Urs Moll (1654-) [436]
         ♀ Anna Maria Moll (1686-) [438]
         ♂ Urs Moll (1687-) [439]
         ♂ Ludwig Moll (1690-) [440]
```

Abb.85 Stammbaum von Jakob Moll (Teil 6)

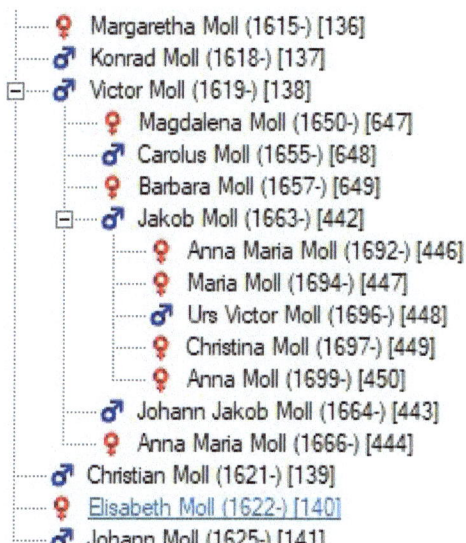

- ♀ Margaretha Moll (1615-) [136]
- ♂ Konrad Moll (1618-) [137]
- ♂ Victor Moll (1619-) [138]
  - ♀ Magdalena Moll (1650-) [647]
  - ♂ Carolus Moll (1655-) [648]
  - ♀ Barbara Moll (1657-) [649]
  - ♂ Jakob Moll (1663-) [442]
    - ♀ Anna Maria Moll (1692-) [446]
    - ♀ Maria Moll (1694-) [447]
    - ♂ Urs Victor Moll (1696-) [448]
    - ♀ Christina Moll (1697-) [449]
    - ♀ Anna Moll (1699-) [450]
  - ♂ Johann Jakob Moll (1664-) [443]
  - ♀ Anna Maria Moll (1666-) [444]
- ♂ Christian Moll (1621-) [139]
- ♀ Elisabeth Moll (1622-) [140]
- ♂ Johann Moll (1625-) [141]

Abb.86 Stammbaum von Jakob Moll (Teil 7)

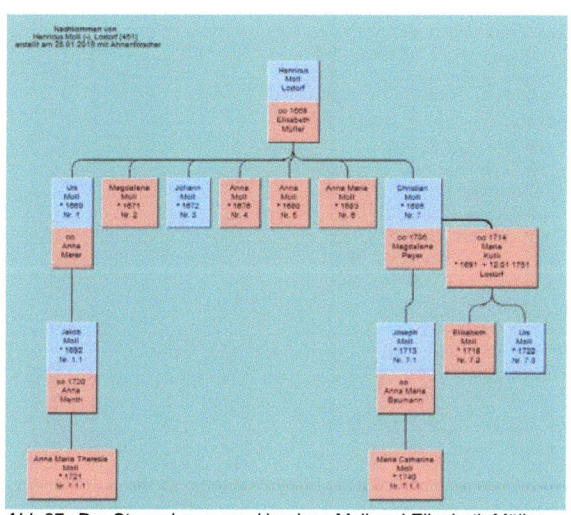

Abb.87 Der Stammbaum von Henricus Moll und Elisabeth Müller

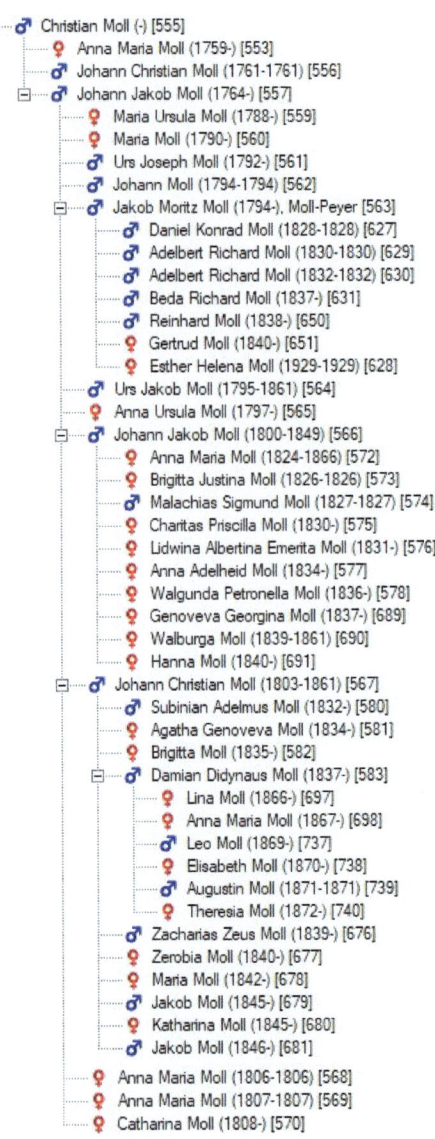

- ⚥ Christian Moll (-) [555]
  - ♀ Anna Maria Moll (1759-) [553]
  - ♂ Johann Christian Moll (1761-1761) [556]
  - ♂ Johann Jakob Moll (1764-) [557]
    - ♀ Maria Ursula Moll (1788-) [559]
    - ♀ Maria Moll (1790-) [560]
    - ♂ Urs Joseph Moll (1792-) [561]
    - ♂ Johann Moll (1794-1794) [562]
    - ♂ Jakob Moritz Moll (1794-), Moll-Peyer [563]
      - ♂ Daniel Konrad Moll (1828-1828) [627]
      - ♂ Adelbert Richard Moll (1830-1830) [629]
      - ♂ Adelbert Richard Moll (1832-1832) [630]
      - ♂ Beda Richard Moll (1837-) [631]
      - ♂ Reinhard Moll (1838-) [650]
      - ♀ Gertrud Moll (1840-) [651]
      - ♀ Esther Helena Moll (1929-1929) [628]
    - ♂ Urs Jakob Moll (1795-1861) [564]
    - ♀ Anna Ursula Moll (1797-) [565]
    - ♂ Johann Jakob Moll (1800-1849) [566]
      - ♀ Anna Maria Moll (1824-1866) [572]
      - ♀ Brigitta Justina Moll (1826-1826) [573]
      - ♂ Malachias Sigmund Moll (1827-1827) [574]
      - ♀ Charitas Priscilla Moll (1830-) [575]
      - ♀ Lidwina Albertina Emerita Moll (1831-) [576]
      - ♀ Anna Adelheid Moll (1834-) [577]
      - ♀ Walgunda Petronella Moll (1836-) [578]
      - ♀ Genoveva Georgina Moll (1837-) [689]
      - ♀ Walburga Moll (1839-1861) [690]
      - ♀ Hanna Moll (1840-) [691]
    - ♂ Johann Christian Moll (1803-1861) [567]
      - ♂ Subinian Adelmus Moll (1832-) [580]
      - ♀ Agatha Genoveva Moll (1834-) [581]
      - ♀ Brigitta Moll (1835-) [582]
      - ♂ Damian Didynaus Moll (1837-) [583]
        - ♀ Lina Moll (1866-) [697]
        - ♀ Anna Maria Moll (1867-) [698]
        - ♂ Leo Moll (1869-) [737]
        - ♀ Elisabeth Moll (1870-) [738]
        - ♂ Augustin Moll (1871-1871) [739]
        - ♀ Theresia Moll (1872-) [740]
      - ♂ Zacharias Zeus Moll (1839-) [676]
      - ♀ Zerobia Moll (1840-) [677]
      - ♀ Maria Moll (1842-) [678]
      - ♂ Jakob Moll (1845-) [679]
      - ♀ Katharina Moll (1845-) [680]
      - ♂ Jakob Moll (1846-) [681]
    - ♀ Anna Maria Moll (1806-1806) [568]
    - ♀ Anna Maria Moll (1807-1807) [569]
    - ♀ Catharina Moll (1808-) [570]

Abb.88 Stammbaum von Christian Moll, der mit Elisabeth Maritz verheiratet war

3.6. Niederbuchsiten

3.6.1. Personen im Laufe der Zeit

Die Geschichte der in Niederbuchsiten heimatberechtigten Moll-Familien ist dem Autor persönlich am besten bekannt, weil es seine eigene "Sippe" betrifft.

Speziell zu erwähnen ist dabei, wo der Grund dafür liegt, dass Niederbuchsiten zu den wenigen Gemeinden gehört, in welchen die Moll-Familien bereits vor 1800 offiziell heimatberechtigt waren:

Am 13. Januar 1749 heiratete Urs Moll von Dulliken die Witwe Anna Maria Zeltner von Niederbuchsiten. Durch diese Vermählung wurden die Nachfahren von Urs Moll und somit auch der Autor Bürger von Niederbuchsiten. Urs Moll ist somit der "Urvater" der Niederbuchsiter Moll.

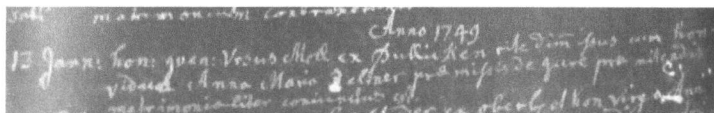

Abb.89 Auszug aus dem Pfarrbuch Ober-/Niederbuchsiten: Vermählung von Urs Moll mit Anna Maria Zeltner am 13. Januar 1749

Es stellt sich dann die Frage, aus welcher Dulliker Moll-Familie Urs entstammte. Die Antwort darauf ist aus folgenden Gründen nicht ganz einfach:

Theoretisch gibt es mehrere Männer namens Urs Moll, die als " Urvater" der Niederbuchsiter Moll in Frage kommen:

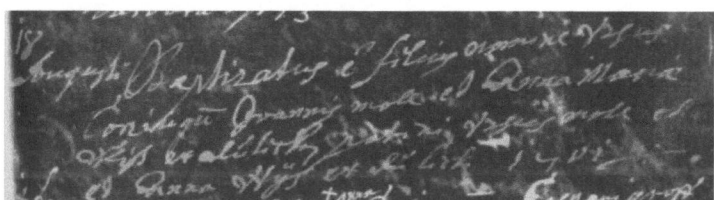

Abb.90 Auszug aus dem Pfarrbuch von Starrkirch-Dulliken: Taufe von Urs Moll (I) am 18. August 1701.

Der erste wurde gemäss Pfarrbuch Nr. 299 am 18. August 1701 getauft; die Eltern waren *Johannes Moll* (1675-1748) und Anna Maria Wyss (+1757). Taufpaten waren *Urs Moll* und Anna Wyss, Dulliken. - Dieser Urs ist höchstwahrscheinlich jung (eventuell sogar bei der Geburt) verstorben (zw. 18.8.1701 und 17.3.1709), da in derselben Familie am 17. März 1709 ein zweiter Urs getauft wurde.

Abb.91 Auszug aus dem Pfarrbuch von Starrkirch-Dulliken: Taufe von Urs Moll (II) am 17. März 1709.

Am 2. November 1708 wurde der Sohn von *Urs Moll* und Maria von Arx auf den Namen Urs getauft. Taufpaten: Urs NN (Lesbarkeit schlecht) und Maria Straumann, Dulliken.

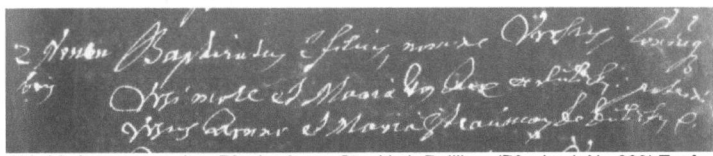

Abb.92 Auszug aus dem Pfarrbuch von Starrkirch-Dulliken (Pfarrbuch Nr. 299) Taufe von Urs Moll (III) am 2. November 1708.

Am 17. Februar 1717 wurde einer weiterer *Urs Moll* getauft: Die Eltern waren *Christian Moll* und Maria Wyss; Taufpaten waren: *Urs Moll* und Maria Straumann, Dulliken

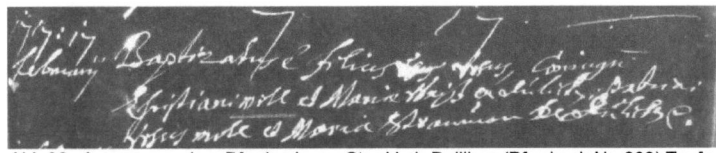

Abb.93 Auszug aus dem Pfarrbuch von Starrkirch-Dulliken (Pfarrbuch Nr. 299) Taufe von Urs Moll (IV) am 17. Februar 1717.

Schliesslich wurde am 22. September 1720 noch der Sohn von *Caspar Moll* und Catharina Wyss auf den Namen "Urs" getauft; Taufpaten waren Johann Senn und Helena Weyler, Olten.

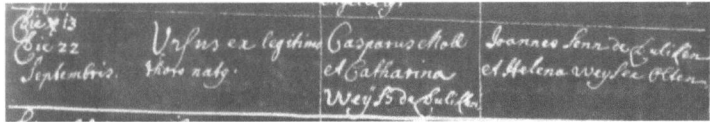

Abb.94 Auszug aus dem Pfarrbuch von Starrkirch-Dulliken (Pfarrbuch Nr. 299) Taufe von Urs Moll (V) am 22. September 1720.

Drei Personen mit dem Namen "Urs Moll" sind dann verstorben, bevor in Niederbuchsiten im Jahre 1749 "Ursus Moll ex Dulliken" geheiratet hat:

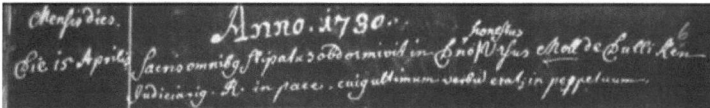

Abb.95 Auszug aus dem Pfarrbuch Nr. 302 von Starrkirch-Dulliken. Urs Moll (Iudiciaris: des Gerichts?); verstorben am 15.April 1730

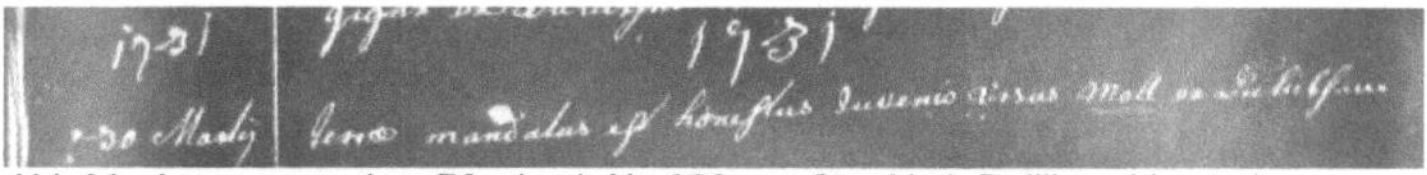

Abb.96 Auszug aus dem Pfarrbuch Nr. 302 von Starrkirch-Dulliken: Verstorben am 30. März 1731 / "juvenio" (Jüngling/junger Mann: Urs Moll IV oder V?)

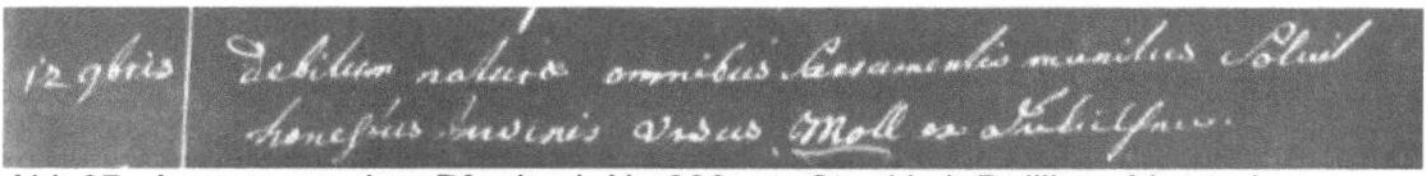

Abb.97 Auszug aus dem Pfarrbuch Nr. 302 von Starrkirch-Dulliken: Verstorben am 12. November 1731 / "juvenio"(Jüngling/junger Mann: Urs Moll IV oder V?)

Wenn man von der Hypothese ausgeht, dass die beiden im Jahre 1731 verstorbenen "Ursen" identisch sind mit den beiden relativ jungen Söhnen von Christian Moll und Maria Wyss sowie Caspar Moll und Catharina Wyss, zudem annehmen darf, dass der Im April 1730 verstorbene Urs Moll derjenige "des Gerichts" war, bleiben nur noch die beiden Söhne von Urs Moll und Maria von Arx sowie von Johannes Moll und Anna Maria Wyss, die die Jugendzeit überlebt haben und somit der gesuchte Urs ist.

Auf der Basis der heute zur Verfügung stehenden Daten kann jedoch leider nicht mit Bestimmtheit gesagt werden, welcher der oben aufgeführten Männer namens Urs Moll der "Urvater" der Niederbuchsiter Moll ist. Es bleibt deshalb nur die Hoffnung darauf, eines Tages doch noch auf einen klaren Hinweis zu stossen, der zur definitiven Klärung dieser offenen Frage führen könnte.

3.6.2. Genealogie der Familien-Teilstämme aus Niederbuchsiten

Die Genealogie der Niederbuchsiter Moll ist *vollständig* nachvollziehbar, da sämtliche dafür notwendigen Belege in den Pfarrbüchern von Ober- und Niederbuchsiten zu finden sind. Es wäre deshalb schön, wenn eines Tages auch dem Stammvater Urs Moll ein eindeutiges Geburtsdatum zugeordnet werden könnte!

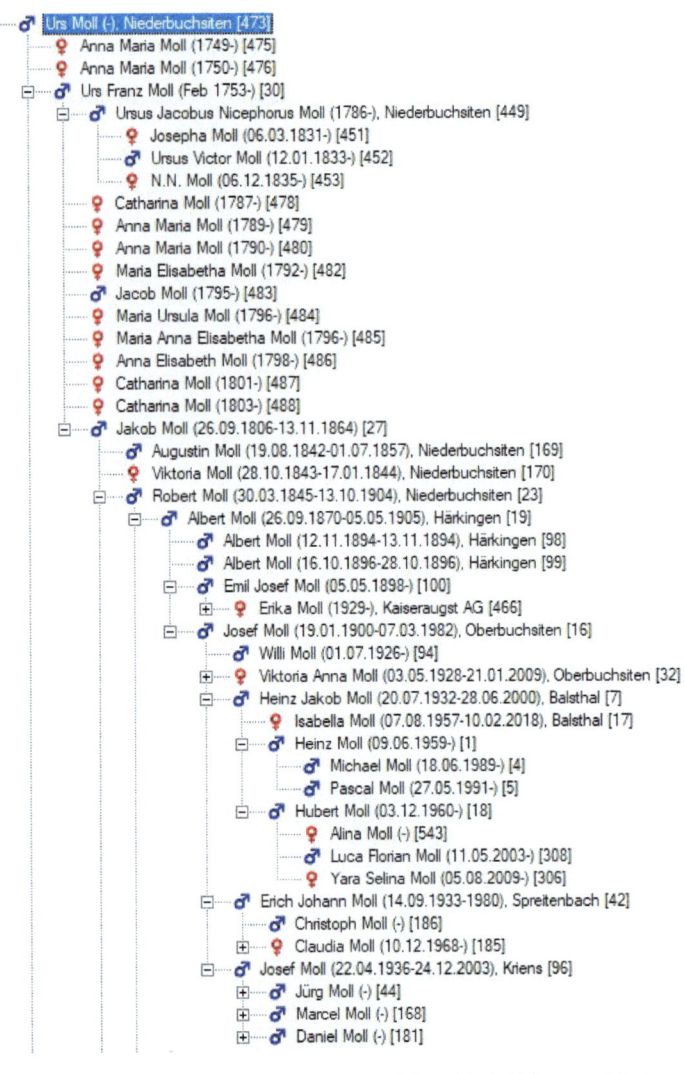

- ♂ Urs Moll (-), Niederbuchsiten [473]
  - ♀ Anna Maria Moll (1749-) [475]
  - ♀ Anna Maria Moll (1750-) [476]
  - ♂ Urs Franz Moll (Feb 1753-) [30]
    - ♂ Ursus Jacobus Nicephorus Moll (1786-), Niederbuchsiten [449]
      - ♀ Josepha Moll (06.03.1831-) [451]
      - ♂ Ursus Victor Moll (12.01.1833-) [452]
      - ♀ N.N. Moll (06.12.1835-) [453]
    - ♀ Catharina Moll (1787-) [478]
    - ♀ Anna Maria Moll (1789-) [479]
    - ♀ Anna Maria Moll (1790-) [480]
    - ♀ Maria Elisabetha Moll (1792-) [482]
    - ♂ Jacob Moll (1795-) [483]
    - ♀ Maria Ursula Moll (1796-) [484]
    - ♀ Maria Anna Elisabetha Moll (1796-) [485]
    - ♀ Anna Elisabeth Moll (1798-) [486]
    - ♀ Catharina Moll (1801-) [487]
    - ♀ Catharina Moll (1803-) [488]
  - ♂ Jakob Moll (26.09.1806-13.11.1864) [27]
    - ♂ Augustin Moll (19.08.1842-01.07.1857), Niederbuchsiten [169]
    - ♀ Viktoria Moll (28.10.1843-17.01.1844), Niederbuchsiten [170]
    - ♂ Robert Moll (30.03.1845-13.10.1904), Niederbuchsiten [23]
      - ♂ Albert Moll (26.09.1870-05.05.1905), Härkingen [19]
        - ♂ Albert Moll (12.11.1894-13.11.1894), Härkingen [98]
        - ♂ Albert Moll (16.10.1896-28.10.1896), Härkingen [99]
        - ♂ Emil Josef Moll (05.05.1898-) [100]
          - ♀ Erika Moll (1929-), Kaiseraugst AG [466]
        - ♂ Josef Moll (19.01.1900-07.03.1982), Oberbuchsiten [16]
          - ♂ Willi Moll (01.07.1926-) [94]
          - ♀ Viktoria Anna Moll (03.05.1928-21.01.2009), Oberbuchsiten [32]
          - ♂ Heinz Jakob Moll (20.07.1932-28.06.2000), Balsthal [7]
            - ♀ Isabella Moll (07.08.1957-10.02.2018), Balsthal [17]
            - ♂ Heinz Moll (09.06.1959-) [1]
              - ♂ Michael Moll (18.06.1989-) [4]
              - ♂ Pascal Moll (27.05.1991-) [5]
            - ♂ Hubert Moll (03.12.1960-) [18]
              - ♀ Alina Moll (-) [543]
              - ♂ Luca Florian Moll (11.05.2003-) [308]
              - ♀ Yara Selina Moll (05.08.2009-) [306]
          - ♂ Erich Johann Moll (14.09.1933-1980), Spreitenbach [42]
            - ♂ Christoph Moll (-) [186]
            - ♀ Claudia Moll (10.12.1968-) [185]
          - ♂ Josef Moll (22.04.1936-24.12.2003), Kriens [96]
            - ♂ Jürg Moll (-) [44]
            - ♂ Marcel Moll (-) [168]
            - ♂ Daniel Moll (-) [181]

Abb.98 Stammbaum von Urs Moll, verheiratet mit Anna Maria Zeltner von Niederbuchsiten; Teil 1

112

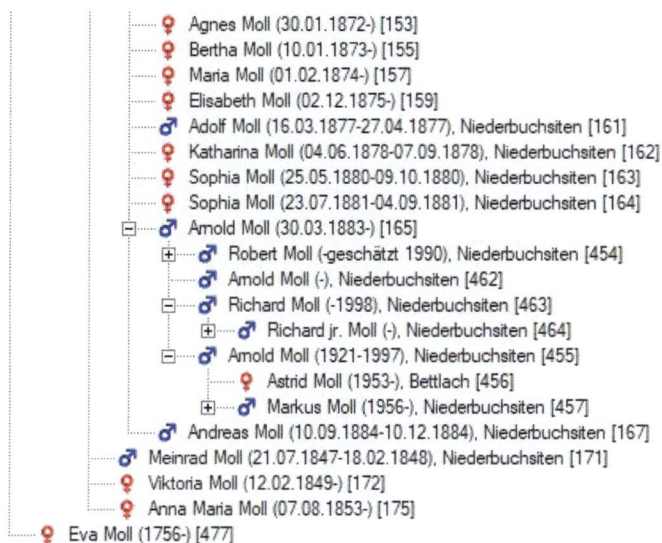

Abb.99 Stammbaum von Urs Moll, verheiratet mit Anna Maria Zeltner von Niederbuchsiten; Teil 2

4. Die frühen Bürgergemeinden der Moll-Familien und deren Weiterverbreitung

Dulliken-Starrkirch, Egerkingen, Härkingen, Lommiswil, Lostorf und Nieder-
buchsiten sind, in alphabetischer Reihenfolge genannt, diejenigen
Gemeinden, in denen die Moll-Familien bereits vor dem Jahre 1800 das
Bürgerrecht innehatten.

Es ist eindeutig belegt, dass die Verbreitung der Moll-Familien im Kanton
Solothurn von den genannten Gemeinden ausging, wobei der Name "Moll"
in Egerkingen am frühesten aufgetaucht ist. Es kann deshalb davon
ausgegangen werden, dass sich die Weiterverbreitung der Moll'schen
Familien aus dem Raum Egerkingen-Härkingen heraus entwickelt hat.

Die Abbildung 100 zeigt den ungefähren Verlauf der Weiterverbreitung, der
auf der Basis der im Staatsarchiv des Kt. Solothurn erfassten Daten
abgeleitet werden kann. – Interessant dabei ist die Tatsache, dass offensichtlich über Jahrzehnte, ja sogar Jahrhunderte hinweg Kontakte der Moll-
Familien aus den verschiedenen Dörfern untereinander stattgefunden haben

und es so auch immer wieder zu Verheiratungen von Moll'schen Familienangehörigen mit Bürgern der jeweiligen Gemeinden gekommen ist.

Nachdem die Moll-Familien während langer Zeit vor allem in der Region um Olten, einerseits westlich davon im Raum Egerkingen-Härkingen (Gäu) und andererseits östlich davon in Dulliken-Starrkirch und Lostorf (Bezirke Gösgen und Olten) heimatberechtigt waren, entstanden fast zur selben Zeit in der Mitte des 18. Jh. neue Niederlassungen in den Gemeinden Lommiswil und Niederbuchsiten. In Niederbuchsiten sind bis zum heutigen Tag Moll-Familien wohnhaft, wogegen sich die Nachfahren der Lommiswiler Moll im ganzen Bezirk Lebern verbreitet haben. Im Raum Egerkingen-Härkingen gibt es heute zwar noch einige Moll-Familien; die meisten sind jedoch in Dulliken, Lostorf und Starrkirch zu finden.

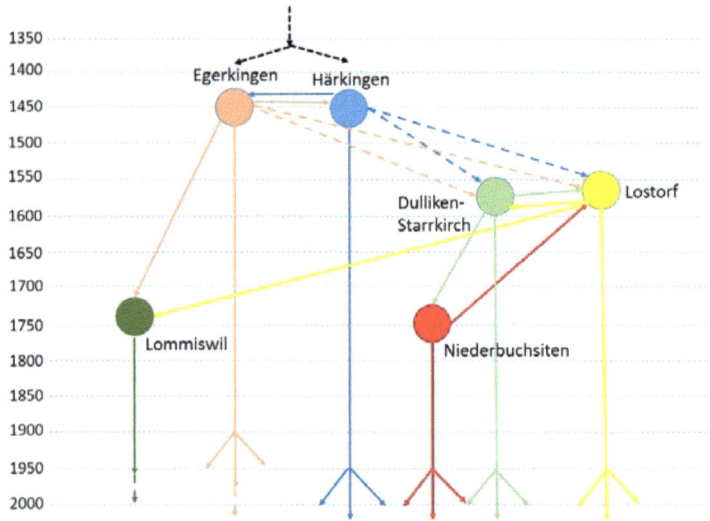

Abb.100 Darstellung der Verbreitung der Moll-Familien im Kanton Solothurn
[Grafik: Michael Moll]

Man muss berücksichtigen, dass man überhaupt erst ab ca. 1300 über erste schriftliche Quellen zu Familiennamen in der Schweiz verfügt. Unsere alemannischen Vorfahren sind irgendwann zwischen 500 und 600 nach Christi Geburt in die Schweiz gekommen. Von diesem Zeitpunkt an bis um ca. 1300 gibt es praktisch keine schriftlichen Dokumente darüber, wer, wann, wo und unter welchem Namen gelebt hat. Für sämtliche Fragestellungen in diesem Zusammenhang herrscht also leider über Jahrhunderte hinweg absolute Dunkelheit. Deshalb muss man davon ausgehen, dass aufgrund der übrigen, bekannten bzw. anerkannten Fakten die in die Schweiz eingewanderten Alemannen sich gemäss der im Kapitel 2.3. beschriebenen Weise verbreitet und mit den Kelten vermischt haben, dies jedoch frühestens ab ca. 1300 (falls zB in einem Urbar erfasst) oder dann ganz konkret erst nach dem Konzil von Trient auch schriftlich belegt werden kann, weil als Konsequenz des tridentinischen Konzils das Jahr 1580 gleich eine Reihe von Entscheidungen brachte, unter anderem die Einführung von Tauf- und Ehebüchern. Ihnen folgten die Totenbücher.

5. Weitere Moll-Teilstämme

Einige Moll-Familien sind im Verlaufe des 19. und anfangs des 20. Jh. nach Olten, Solothurn und Winznau gezogen und haben sich dort einbürgern lassen.

Interessanterweise erscheint dabei auch eine zwischenzeitliche Einbürgerung in Wangen bei Olten:

Name	Kanton	Gemeinde	Einbürgerung	Herkunftsort
Moll	SO	Olten	1895	(Dulliken SO)
Moll	SO	Olten	1892	(Lostorf SO)
Moll	SO	Olten	1868	(Wangen bei Olten SO)
Moll	SO	Olten	1905	(Dulliken SO)
Moll	SO	Solothurn	1917	(Dulliken SO)
Moll	SO	Winznau	1877	(Lostorf SO)

[Quelle: Familiennamenbuch der Schweiz]

6. Familiennamen

6.1. Ursprung

Der Autor hat 2014 die Namensberatungsstelle der Universität Leipzig beauftragt, eine Kurzstudie zur Herkunft und Bedeutung des Familiennamens MOLL zu verfassen.

Die Zusammenfassung der Autorin des entsprechenden Berichts, Frau Dr. Gundhild Winkler, lautet wie folgt:
„Aus namengeographischem und sprachwissenschaftlichem Befund lassen sich folgende Punkte zusammenfassend festhalten: Der Familienname MOLL ist parallel und gleichzeitig aus unterschiedlichen Motivationen heraus und an unterschiedlichen Stellen im deutschen Sprachraum entstanden. Unabhängig vom genauen örtlichen Ursprung (vor allem aber in der Schweiz und in Süddeutschland) konserviert er den Obernamen eines Vorfahren, den er als dicke, plumpe Person oder als jemanden mit einem auffälligen Kopf

kennzeichnet. In einigen Fällen kann der Name MOLL auch auf die Wohnstätte des Vorfahren verweisen, der an einem Landstück, wo viele Molche lebten, wohnte. In Nord- und Mitteldeutschland kann der Name MOLL zudem auf die Wohnstätte an einem Flurstück mit lockerem, weichem Erdboden oder aber in einer Senke b.zw. einer Mulde bezogen werden."

Es existiert jedoch auch eine andere Erklärung für die Herkunft des Familiennamens: Danach wäre MOLL eine Kurzversion des lateinischen Wortes „molitor", also „Müller" oder „molinium", also „Mühle". Leider waren dazu jedoch bis jetzt keine schriftlichen Quellen zu finden.

6.2. Heutige Verteilung des Nachnamens MOLL in der Schweiz

In der Schweiz gibt es rund 430 Telefonbucheinträge (Quelle: Twixtel von Twix AG ®; Stand: November 2018) zum Namen Moll und damit schätzungsweise rund vier Mal so viele Personen mit diesem Namen. Dabei ist jedoch zu beachten, dass die Einträge im Telefonbuch durch die verstärkte Mobilfunknutzung stark rückläufig sind. Zudem lassen viele Festnetz-Telefonabonnenten ihre Nummern aus Datenschutzgründen sperren. Die tatsächliche Anzahl der Personen namens MOLL dürfte daher noch um einiges höher liegen. Diese leben in 183 Postleitzahlbereichen.

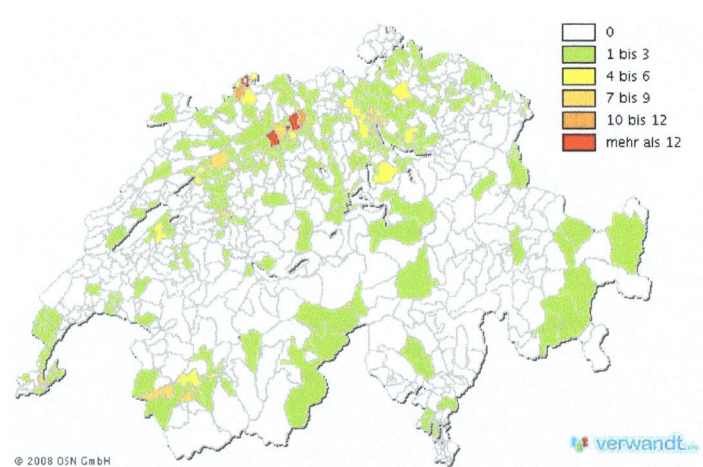

Abb.101 Absolute Verteilung des Namens MOLL in der Schweiz [Stand: Januar 2018; Quelle: www.verwandt.de]

7. Das Familienwappen

7.1. Das Steinkreuz an der Kantonsstrasse in Egerkingen

Bei der Abzweigung Kantonsstrasse-Kreuzstrasse steht nahe einer Hausmauer ein sehr hohes Lilienblattkreuz aus Jurastein. Masse: 325: 120: 24 Es ist zweiteilig. Schnittpunkt der Balken ist ein runde gusseiserne Platten folgender Inschrift überdeckt: GELOBT SEI JESUS CHRISTUS IN EWIGKEIT. Hier folgt das Moll-Wappen, darunter steht: WILHELM MOLL 1755. Ein rechteckiger Sockel mit einem erhabenen Wappen mit zwei Tannen und drei kleinen französischen Lilien, darunter die Zahl 1937 sowie eine teilweise eingeteerte Grundplatte bilden das Fundament des Kreuzes. Es gehört der römisch-katholischen Kirchgemeinde.

Das Kreuz ist eine Kopie des Originals von 1755. Das Moll-Originalwappen war mindestens bis in die Mitte des letzten Jh. im Besitze von Herrn Direktor Arthur Moll, Olten. Das ehemalige steinerne Wegkreuz auf dem Grundstück der Geschwister Joseph und Elise Hüsler fiel 1936 einem Autounfall zum Opfer. Ingenieur Moll, Olten, liess das defekt gewordene Stück mit dem Wappen an seinem Haus anbringen. Das alte Kreuz wurde an einer anderen Stelle (Kreuzplatz) durch ein neues ersetzt und am 14. November 1937 eingeweiht. Nachdem Dr. Häfliger die A.K. (Altertümerkommission.) in ihrer Sitzung vom 15. Oktober 1937 von diesem Vorgang in Kenntnis gesetzt hatte, versuchte der KK (Kantonaler Konservator) die Rettung des Denkmals für die Öffentlichkeit, entweder durch Überführung des Originals ins Museum oder durch Erstellung eines Gipsabgusses. Es war vergeblich. Nach Mitteilung von Herrn E. Fischer, Bezirkslehrer, Olten, vom 5. November 1937, wurden auf dem neuen Kreuz Wappen, Inschrift und Jahreszahl des alten reproduziert.[87]

„Egerkingen. - Ein Ereignis von historischer Bedeutung war am vergangenen Sonntag die Weihe des neuen Kreuzes an der Kreuzgasse. Der herrliche Sonnenschein inmitten des immer willkommenen „Martini-Sommers" war wie gewünscht und ermöglichte so eine Prozession von der Kirche bis zur Weihestätte. Bekanntlich wurde das im Jahre 1755 von einem Wilhelm Moll gestiftete Kreuz am Christkönigfest 1936 das Opfer eines Autounfalls. Die Weihe wurde durch den Ortspfarrer HH Pfarrer Haberthür vorgenommen und mit einigen passenden Liedern vom Kirchenchor umrahmt. Ein leutseliger Ordensmann aus dem Kapuziner-kloster Olten, P. Ursus, hielt bei diesem Anlass eine Predigt über die Sprache des Kreuzes zu uns Menschen. Da neue Monument steht wieder auf Grund und Boden der Geschwister Josef und Elise Hüsler, allerdings nicht mehr am früheren

---

[87] Tatarinoff, E. Jahrbuch für solothurnische Geschichte, Band 11, Bericht der Altertümer-Kommission über das Jahr 1937. 6. Folge, S. 215f (1938)

Abb.102 Das Wappen der Familie Moll auf dem Wegkreuz in Egerkingen.
[Foto: H. Moll]

Standort. Es passt wider Erwarten gut ins Dorfbild. Dank dem freundlichen Entgegenkommen der Geschwister Hüsler und der edlen Spende eines auswärtigen Donators sind der katholischen Kirchgemeinde keine Kosten entstanden. Es verdienen die betreffenden Wohltäter öffentlich Dank und Anerkennung. Möge Christus einst ihr Lohn sein! Auch der ausführenden Firma Mathis Rauber und Söhne Hägendorf gerecht die flotte Arbeit zur Ehre."

[Quelle: Oltner Tagblatt Nr. 268 vom 17. November 1937]

Abb. 103 Das Moll'sche Familienwappen in der Silber- und Weiss-Variante.

"Wappen Moll von Niederbuchsiten/SO:
In Silber grüner Dreiberg mit 2 seitwärts sprossenden grünen Kleeblättern, überhöht von blauer Pflugschar mit Spitze gegen das Schildhaupt.

- Helm: Stechhelm
- Decke: Silber/Grün
- Zier: Silberner Pflug belegt mit blauer Pflugschar
-

Dieses Wappen kann heute von den Moll von Niederbuchsiten/SO allgemein geführt werden.
Das Original dieses Wappens befindet sich in Stein gehauen an einem alten Wegkreuz (ohne Farbe) in Egerkingen."[88]

In der Heraldik sind Silber und Weiss gleichzusetzen, weshalb heute wegen des oft besseren Kontrasts auf Schildern und anderen Zeichenträgern an Stelle von Silber nur noch Weiss verwendet wird.

Auf dem schweizerischen genealogisch-heraldischen Webkatalog ist diejenige Version des Familienwappens zu finden, die von den in die Region Solothurn "ausgewanderten" Moll-Familien geführt wird. Dabei wurden diese offensichtlich von der roten Farbe im Solothurner Wappen inspiriert:

---

[88] Quelle: Schreiben des Staatsarchivs Solothurn vom 4. April 1977 an den Vater des Autors].

Familienwappen Moll (von Solothurn, ehemals von Dulliken)

Wappenbeschreibung / Blasonierung:
In Rot auf grünem Dreiberg zwei grüne Kleeblätter, am Ort steigende.
goldene Pflugschar.

Quelle:
Wappen der Bürger von Solothurn, 1937.

Abb.104 Das Familienwappen der Solothurner Moll
[Quelle: http://www.chgh.ch/7868-m/mock-moynat/moll.html]

Das Staatsarchiv Solothurn erteilt seit der Privatisierung der Familien-
heraldik im Zuge von Sparmassnahmen 1995 keine Wappenauskünfte mehr.
Die Sammlung der solothurnischen Familienwappen wurde übernommen
durch die Firma Glasmalerei Christen in Wallisellen. Fragt man diese nach
dem Moll'schen Familienwappen, erhält man eine weitere Variante der
bereits gezeigten Wappen, diesmal mit blauem Hintergrund:

Abb.105 Moll'sches Familienwappen – Variante Blau

"Altes Solothurner Geschlecht, das schon seit Jahrhunderten in Pfarrbüchern (s. Starrkirch), Ratmanualen, Vogtschreiben, Inventarien und
Teilungen, Käufe, Fertigungen, Ganten und Steigerungen vorkommt.

Wappen: in Blau ein grüner Dreiberg mit zwei daraus sprossenden grünen
Kleeblättern, überhöht von einer silbernen Pflugschar mit Spitze nach oben.
Das Wappen, nach einem in Stein gehauenen am Wegkreuz in Egerkingen,
trägt die Jahrzahl 1755.

Helmdecke: Blau / Silber
Helmzier: Frei"

[Quelle: Heraldik / Wappenforschungen Anton Christen, Zürich]

Abb.106 Die Zeichnung des Steinhauers als Vorlage für einen Grabstein, mit den
Familienwappen Moll und Anderegg.

Der Vollständigkeit halber seien an dieser Stelle auch weitere bekannte Moll-
Familienwappen aufgezeigt, die jedoch <u>ausserhalb</u> des Kantons Solothurn
geführt werden:

Kanton Bern (Biel)

Diese Wappen aus der Sammlung des Staatsarchivs Bern werden ohne
Gewähr widergegeben. Es ist damit keine amtliche Registrierung und kein
rechtlicher Schutz verbunden.

Abb.107 Ausserkantonale Moll-Wappen (1) [Quelle: www.be.ch/staatsarchiv]

Abb.108 Das Steinkreuz bei der Abzweigung Kantonsstrasse-Kreuzstrasse in Egerkingen. [Foto: H. Moll]

Kanton Luzern (Entlebuch)

Familienwappen Moll (von Entlebuch)

Wappenbeschreibung / Blasonierung:
In Grün rotes Hauszeichen.

Quelle:
Wappen im Entlebuch, von Hans Portmann, 1955.

Abb.109 Ausserkantonale Moll-Wappen (2)
[Quelle: http://www.chgh.ch/7868-m/mock-moynat/moll.html]

Ausserhalb der Schweiz sind eine ganze Riehe von Moll'schen Familienwappen zu finden. Es seien an dieser Stelle nur ….. Beispiele gezeigt:

Abb.110 Ausländische Moll-Wappen aus dem Tirol [links; Quelle: D. Erpelding],
in einer "adligen Version von Moll" [Mitte; Quelle: oldthing.de, Original:
Kupferstich von 1820] und auf einer sogenannten "Reklame-Marke"
[rechts; Quelle: Zentrales Verzeichnis antiquarischer Bücher (ZVAB)]

Interessanterweise ziegen alle drei ausländischen Wappen grosse Aehn-
lichkeit mit dem mittleren der drei in Abb. 107 gezeigten "ausserkantonalen",
schweizerischen Moll-Wappen!

Heinz
Wolf-Anderegg
1932 – 2000

Abb.111   Der Grabstein des Vaters des Autors, auf dem Friedhof in Balsthal SO.

8. Heimatgemeinden (Bürgergemeinden)

Auszug aus dem Familiennamenbuch der Schweiz:

Name	Kanton	Gemeinde	Einbürgerung	Herkunftsort
Moll	AG	Niederwil	1954	(A)
Moll	BE	Biel	a	
Moll	BE	Renan	1917	(D)
Moll	BE	Thun	1950	(D)
Moll	BL	Binningen	1912, 1925	(D)
Moll	BS	Basel	1937	*
Moll	BS	Basel	1901, 1916, 1926	(D)
Moll	BS	Basel	1903	(Dulliken SO)
Moll	BS	Basel	1926	(F)
Moll	BS	Basel	1940	(Oberhof AG)
Moll	BS	Basel	1931, 1933, 1956	(Starrkirch-Wil SO)
Moll	GE	Genève	1871	*
Moll	GE	Genève	1900	(D)
Moll	GE	Genève	1962	(Zürich ZH)
Moll	JU	Bonfol	1916	(D)
Moll	LU	Luzern	1952	(Dulliken SO)
Moll	NE	Neuchâtel	1873	(D)
Moll	NE	Saint-Aubin-Sauges	1907	(Dulliken SO)
Moll	SG	Flawil	1942	(D)
Moll	SO	Dulliken	a	
Moll	SO	Egerkingen	a	
Moll	SO	Härkingen	a	
Moll	SO	Lommiswil	a	
Moll	SO	Lostorf	a	
Moll	SO	Niederbuchsiten	a	
Moll	SO	Olten	1895	(Dulliken SO)
Moll	SO	Olten	1892	(Lostorf SO)
Moll	SO	Olten	1868	(Wangen bei Olten SO)
Moll	SO	Olten	1905	(Dulliken SO)
Moll	SO	Solothurn	1917	(Dulliken SO)
Moll	SO	Starrkirch-Wil	a	
Moll	SO	Winznau	1877	(Lostorf SO)

Moll	TG	Halden	1927	(D)
Moll	TG	Kreuzlingen	1934	(D)
Moll	TG	Warth	1923	(D)
Moll	VD	Corcelles-près-Payerne	1960	(D)
Moll	VD	Lausanne	1956	(Dulliken SO)
Moll	VD	Pizy	1951	(D)
Moll	VS	Leytron	b	
Moll	VS	Riddes	1871	*
Moll	ZH	Langnau am Albis	1955	(Starrkirch-Wil SO)
Moll	ZH	Laufen-Uhwiesen	1842	(I)
Moll	ZH	Schlieren	1895	(D)
Moll	ZH	Winterthur	1885	(Lostorf SO)
Moll	ZH	Zollikon	1921	(D)
Moll	ZH	Zürich	1896	(D)
Moll	ZH	Zürich	1921, 1949	(D)
Moll	ZH	Zürich	1919, 1958	(Dulliken SO)
Moll	ZH	Zürich	1956	(Genève GE)
Moll	ZH	Zürich	1956	(Winterthur ZH)

[Quelle: http://www.hls-dhs-dss.ch/famn/index.php]; Familiennamenbuch der Schweiz; (Schulthess Polygraphischer Verlag, Zürich 1989)]

Das Familiennamenbuch der Schweiz enthält in der amtlichen Schreibweise die Namen der Geschlechter, die 1962 in einer schweizerischen Gemeinde das Bürgerrecht besassen. Einzelpersonen sind nicht aufgenommen worden, da diese zufolge Tod, Verheiratung usw. oft nur kurze Zeit im Familienregister figurieren.
Nach dem Familiennamen folgen innerhalb der alphabetisch geordneten Kantone

- die Namen der Heimatgemeinden (Bürgergemeinden) in der amtlichen Schreibweise.
- das Jahr der Verleihung des Bürgerrechtes. Ist dieses unbekannt, so ist der Zeitabschnitt vermerkt, in dem das Bürgerrecht erworben wurde: "vor 1800", "im 19. Jh." oder "zwischen 1901-1962".
- die Herkunft.
  Bei Schweizern ist der frühere Bürgerort in Klammern aufgeführt. Bei eingebürgerten Ausländern ist der frühere Heimatstaat angegeben. Es werden die im allgemeinen Schriftverkehr üblichen Abkürzungen verwendet.

Ein Stern (*) bedeutet, dass die Herkunft nicht bekannt ist oder dass das Bürgerrecht auf Grund besonderer gesetzlicher Bestimmungen (Adoption, Scheidung usw.) besteht.

9. Familienstammbäume

9.1. Auffindung von Daten: Personen, Geburts-, Heirats- und Todesdaten

Die einfachste Art, zu solchen Daten zu gelangen, ist die Nachfrage bei verwandten Personen. Dabei sollte man immer daran denken, dass mit jeder älteren Person, die verstirbt, wieder eine mögliche Quelle versiegt, die über die Familiengeschichte hätte Auskunft geben können.

Die Erfahrung zeigt auch, dass das Wissen über deren Geschichte von der einen Familie zur anderen sehr stark differiert: Während bei den einen gut gehütete und aktualisierte Stammbäume bestehen, fehlt bei anderen schon das Wissen um die Namen und Lebensdaten der Urgrosseltern. Hilfe findet man in diesen Fällen z.B. auf Zivilstandsämtern, die (allerdings meist nur gegen Bezahlung) auf konkrete Nachfrage hin Kopien aus den Zivilstandsbüchern und Bürgerfamilienregistern erstellen (vgl. Abb. 112).

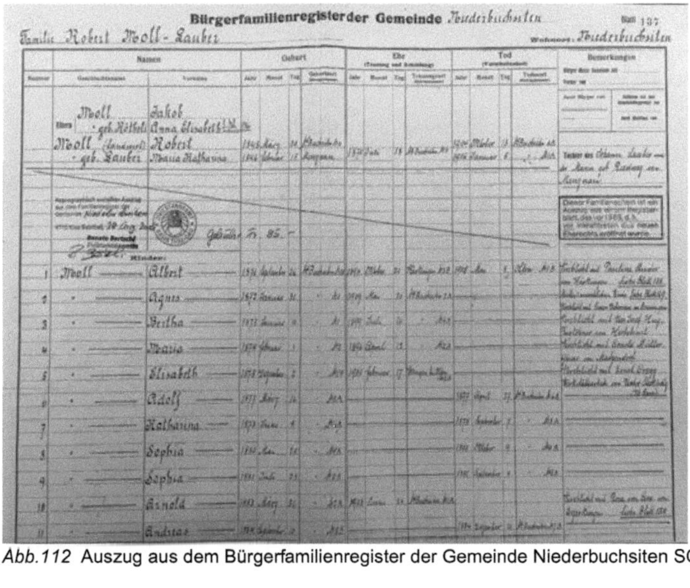
Bürgerfamilienregister der Gemeinde

Abb.112 Auszug aus dem Bürgerfamilienregister der Gemeinde Niederbuchsiten SO

Eine weitere Möglichkeit, die allerdings in der Regel mit einem grossen Zeitaufwand verbunden ist, ist der Besuch im Staatsarchiv des Kantons. Das Staatsarchiv bewahrt gemäss § 7. Abs. 1 des Archivgesetzes vom 25. Januar 2006 (BGS 122.51) die archivwürdigen amtlichen Dokumente der Behörden auf.

Auskünfte über Archivbestände werden in der Regel kostenlos erteilt. Bei aufwändigen Nachforschungen wird der Zeit- und Arbeitsaufwand verrechnet (aktuell 175 Franken pro Stunde für wissenschaftliche Nachforschungen, 95 Franken pro Stunde für nichtwissenschaftliche Nachforschungen gemäss der Weisung über den Vollzug des Gebührentarifs vom 29. Juni 1993).

9.2. Datenbanken und Darstellung von Stammbäumen

Es gibt eine ganze Reihe von Möglichkeiten, Familienstammbäume darzustellen.

Die einfachste Variante ist das Zeichnen eines Stammbaumes von Hand. Dies bietet sich vor allem für einfachere Stammbäume an und solche, die vom bzw. von der Zeichnenden noch mit Dekorationen versehen werden möchten, die das Bild der Vorfahren ansehnlicher gestalten.

Wird ein Stammbaum komplexer, bietet sich heute die Nutzung einer dafür geeigneten Software an. Ein gutes Beispiel dafür ist die Software "Ahnenforscher" von R. Schlauri: http://www.ahnenforscher.ch/

"Ahnenforscher" ist ein modernes und einfach zu benutzendes Programm für die Ahnenforschung. Sie können damit unter anderem

- Ihre Forschungsdaten eingeben, ändern und auf vielfältige Weise darstellen
- Vorfahren- und Nachkommen-Darstellungen und Grafiken erstellen
- komplette Webseiten mit Ihren Forschungsdaten erstellen und an interessierte Personen weitergeben oder auf dem Internet publizieren
- Statistiken zu Ihren Daten sich anzeigen lassen

Auf Seite 91 wird im Kapitel 3.3.2 auf der Basis eines realen Beispiels erläutert, wie die mittels "Ahnenforscher" generierten Stammbäume zu lesen bzw. zu interpretieren sind.

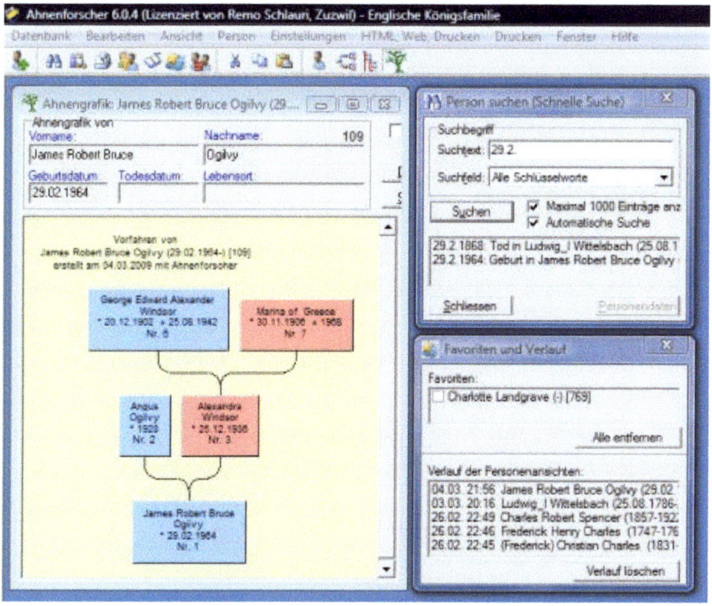

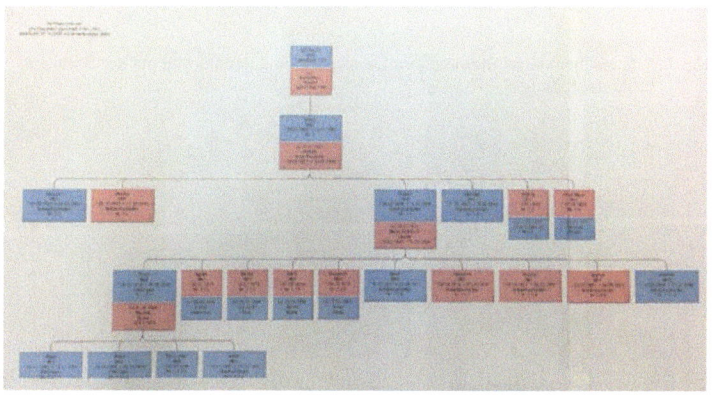

Abb.113 Bildschirmpräsentation der Software "Ahnenforscher"

Abb.114 Ausgedruckte Stammbaum-Darstellung mit der Software "Ahnenforscher".
Hellblau koloriert sind männliche Personen, rosa die weiblichen.

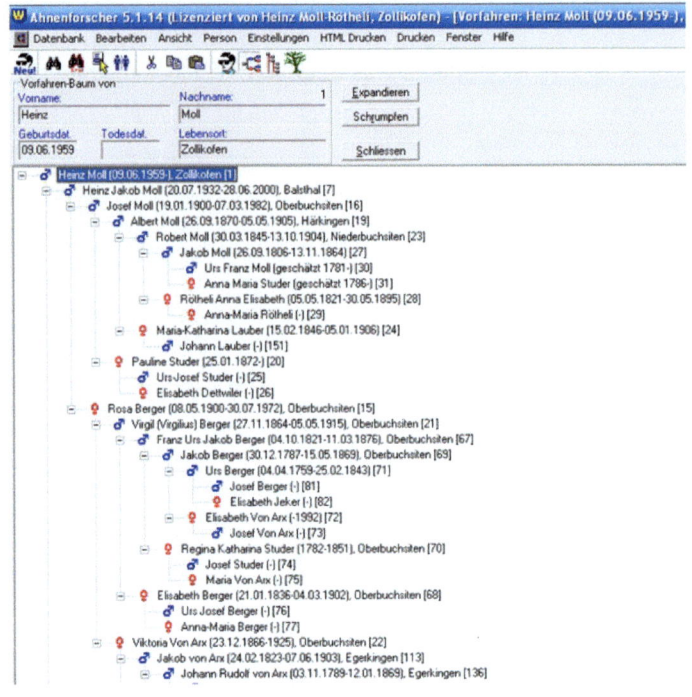

Abb.115 Ausschnitt einer Stammbaum-Darstellung im Listenformat mit der Software
"Ahnenforscher"

10. Genetik

Die folgenden Erläuterungen wurden mit dem Einverständnis der Fa. iGENEA in das vorliegende Buch aufgenommen.

[Quelle: https://www.igenea.com/de/herkunftsanalyse]

10.1. Herkunftsanalyse mit DNA- Genealogie

Die meisten Menschen können ihren Stammbaum höchstens drei oder vier Generationen zurückverfolgen. Dank der Erbgut-Analyse ist aber ein Blick in längst vergangene Jahrtausende möglich. Eine DNA-Analyse ermöglicht es heute, die Herkunft eines Individuums mittels einer einfachen Speichelprobe zu untersuchen.

Die Geschichte unserer Urahnen ist wohl eine der spannendsten aller Zeiten. Es ist die Geschichte der Menschheit. Jahrzehntelang lieferten die wenigen Knochen und Gegenstände, die unsere Vorfahren auf ihren Wegen hinterliessen, die einzigen Anhaltspunkte für Anthropologen und Archäologen. So konnten die verschiedenen Evolutionstheorien nicht wirklich bewiesen werden. Erst in den vergangenen 20-30 Jahren haben Forscher in der DNA lebender Menschen Beweise für die Wanderungen ihrer Ahnen in der Urzeit entdeckt.

Die DNA ist bei allen Menschen zu 99.9 Prozent identisch. Die restlichen 0.1% sind die Ursache für individuelle Unterschiede (z.B. Augenfarbe, bestimmte Erkrankungsrisiken oder Abweichungen mit keiner ersichtlichen Funktion). Alle evolutionären Zeitspannen einmal kann es in diesen funktionslosen Abschnitten der DNA zu einer zufälligen, harmlosen Veränderung der DNA (Mutation) kommen, die an alle Nachkommen der jeweiligen Person weitergegeben wird. Erscheint dieselbe Mutation Generationen danach in der DNA von zwei Menschen, so ist klar, dass sie einen gemeinsamen Vorfahren haben. Der Vergleich von bestimmten DNA-Abschnitten (Markergenen) in vielen verschiedenen Bevölkerungsgemeinschaften ermöglicht es, Verwandtschaftsverbindungen nachzuverfolgen.

Der grösste Teil des Erbguts wird durch die Kombination der DNA von Mutter und Vater immer wieder durchmischt. In zwei Bereichen des Erbguts ist das aber nicht der Fall:

In der mitochondrialen DNA (mtDNA): Die mtDNA wird intakt von der Mutter auf das Kind vererbt. Jeder Mensch – gleichgültig, ob Mann oder Frau – erbt seine mtDNA ausschliesslich von seiner Mutter.

Im Y-Chromosom: Das Y-Chromosom wird unverändert vom Vater an den Sohn weitergegeben. jeder Mann bekommt sein Y-Chromosom ausschliesslich von seinem Vater.

Ein *Vergleich* der mtDNA und Y-Chromosomen bei Menschen verschiedener Bevölkerungsschichten gibt Genetikern eine Vorstellung davon, wann und wo sich diese Gruppen in den Völkerwanderungen rund um die Erde teilten. Vergleicht man zum Beispiel die Y-Chromosomen zwischen Europäern und australischen Aborigines, so findet man charakteristische Unterschiede: Die männlichen Aborigines tragen häufig ein Y-Chromosom mit einem ganz bestimmten Muster an einer Stelle der DNA. Diesen Marker mit der Bezeichnung M130 findet man nicht bei Europäern, wohl aber sehr oft einen namens M89, den es wiederum bei den Aborigines nicht gibt. Den Marker M168 findet man hingegen bei beiden Menschengruppen. Offensichtlich gab es also einen gemeinsamen männlichen Urahn von Europäern und Aborigines, von dem der Marker M168 stammt. Seine Nachkommen gingen aber irgendwann getrennte Wege: Die einen besiedelten Südostasien und Australien, die anderen kamen im Lauf der Zeit nach Europa. Nachdem der Kontakt zwischen den Gruppen zu Ende war, traten weiter zufällige Mutationen auf, die von Generation zu Generation vererbt wurden und sich heute jeweils nur bei einer der beiden Populationen nachweisen lassen.

Kopierfehler machen Unterschiede

Jede unserer Körperzellen enthält eine Kopie unserer DNA. Immer, wenn eine Zelle sich teilt, muss sie ihre DNA kopieren, damit jede Tochterzelle wieder die komplette DNA erhält. Dieser Prozess arbeitet sehr genau. Dennoch ist dieser Prozess nicht perfekt. Wenn z.B. die mtDNA kopiert und in eine Eizelle gepackt wird, entspricht die mitochondriale Nuklotidsequenz im Ei fast immer genau der in den anderen Zellen der Mutter. Gelegentlich kommt es jedoch zu einem Fehler. Ein DNA-Baustein (Nukleotid) wird z.B. verstauscht, und anstelle eines A befindet sich vielleicht ein G. Jeden derartigen Fehler beim Kopieren der DNA bezeichnet man als Mutation.

Solche Mutationen sind der Schlüssel zur Rekonstruktion unserer genetischen Geschichte. Nehmen wir an, die mitochondriale Eva habe zwei Töchter gehabt, von denen eine zufällig eine einzige Mutation in ihrer mitochondrialen DNA aufwies. Alle heute lebenden Frauen, die von dieser Tochter abstammen, würden diese Mutation aufweisen, während alle Frauen die von der anderen Tochter abstammen, diese Mutation nicht tragen würden. Die mitochondriale Eva hätte somit zwei verschiedene mitochondriale Abstammungslinien (Haplogruppen) hervorgebracht. Die zwei unterschiedlichen mitochondrialen DNA-Sequenzen bezeichnet man als Haplotyp.

Haplotypen und Haplogruppen sind wie Ahnentafeln, die den Genetiker erkennen lassen, wer mit wem verwandt ist. Der in Mitochondrien enthaltene DNA-Ring ist so klein, dass Mutationen selten vorkommen. Die DNA-Sequenzen unserer Chromosomen sind 40'000 Mal länger als die unserer Mitochondrien.

Wenn Menschen erwachsen werden, reproduzieren sich die Mutationen, die sie von ihren Eltern geerbt haben, in ihren Samen- oder Eizellen, zusammen mit neuen Mutationen, die die genetische Einzigartigkeit der nächsten Generation ausmachen. Jede Generation prägt also die DNA, die sie geerbt hat, durch neue Mutationen. Das Ergebnis ist eine komplexe Genealogie, ein verzwickt verästelter Stammbaum genetischer Veränderungen.

10.2. Wie nutzt man die DNA-Genealogie?

DNA-Genealogie ermöglicht Stammbaumforschung mit modernsten Mitteln. Sie ermöglicht sehr schnelle und exakte Familienforschung, ob als Einstieg in die Ahnenforschung oder als Ergänzung zur traditionellen Genealogie. Während in der traditionellen Ahnenforschung Geburts-, Hochzeits- und Todesurkunden untersucht werden, genügt bei der DNA-Genealogie eine Speichelprobe.

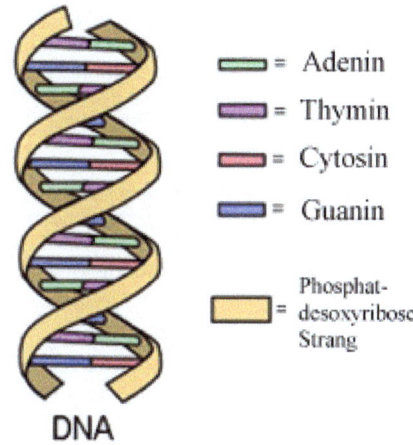

DNA

Abb.116 Struktur der Desoxyribonukleinsäure, englische Abkürzung: DNA
[Quelle: Biologie-Schukle.de]

Was ist die DNA?

DNA steht für Deoxyribonucleic acid / Desoxyribonukleinsäure.
Chromosomen bestehen aus DNA, welche die genetische Anleitung für alle Funktionen und Substanzen des Körpers enthält. Die DNA sieht aus wie eine

Wendeltreppe: jede Stufe wird aus jeweils zwei Basen gebildet. Es gibt vier verschiedene Basen: Guanin, Thymin, Cytosin und Adenin.

Die gesamte DNA eines Menschen wird Genom genannt. Das Genom haben wir von allen unseren Vorfahren geerbt. Es wird in jeder Generation neu aus den Erbanlagen der Eltern gemischt.

Das Y-Chromosom und die mitochondriale DNA werden grundsätzlich unverändert von einer Generation auf die nächste vererbt. Dennoch kommt es immer wieder zu zufälligen Veränderungen, Mutationen genannt. Alle Nachkommen einer Linie erben diese Mutationen. Werden bei einem Vergleich von zwei DNA-Profilen dieselben Mutationen entdeckt, so erkennt man, dass die beiden Personen einen gemeinsamen Vorfahren haben. Mutationen bilden also die Grundlage zur Erstellung eines genetischen Stammbaums.

Wie kann die DNA etwas über die Herkunft der betreffenden Person aussagen?

Der Vergleich der DNA-Profile von Menschen verschiedener Bevölkerungsgruppen gibt uns eine Vorstellung davon, wann und wo sich diese Gruppen in den Völkerwanderungen rund um die Erde bewegt haben. Mutationen markieren nicht nur einzelne Familien, sondern im Laufe der Zeit auch ganze Bevölkerungsgruppen. Wird die Häufigkeit oder das Auftreten bestimmter Mutationen untersucht, kann der komplexe Stammbaum der Menschheit in einzelne Äste unterteilt werden.

Geht nun eine Bevölkerungsgruppe auf Wanderschaft oder lebt für lange Zeit geographisch isoliert – das heisst es findet kein genetischer Austausch mit anderen Gruppen statt - entwickelt sie eigene Mutationsmuster. Diese Muster treten deshalb nur in bestimmten Regionen und Bevölkerungsgruppen auf.

Auf Grund der stetigen Wanderungsbewegungen unserer Vorfahren konnten auch genetische Verwandtschaften zwischen unterschiedlichen Völkern auf der Erde nachgewiesen werden. So fanden Forscher auffällige Übereinstimmungen zwischen Volksgruppen in Indien, Ozeanien und Australien oder zwischen Sibiriern und den Ureinwohnern Amerikas.

Was wird bei einem DNA-Genealogie-Test analysiert?

Man kann sich die mitochondriale DNA oder das Y-Chromosom als das genetische Familienwappen einer Linie vorstellen. Jedes Mitglied der väterlichen Linie trägt das gleiche Y-Chromosom ähnlich einem Wappenring. Im Laufe der Zeit wird dieser Ring mehrmals weitergegeben und die Gravur schwächer, so dass das Familienwappen nicht mehr klar erkennbar ist. Die DNA erhält neue Mutationen, so dass sich das DNA-Profil von nahen

Verwandten stärker ähnelt, als das DNA-Profil von zwei Männern mit einem gemeinsamen Vorfahren, der vor 600 Jahren gelebt hat.

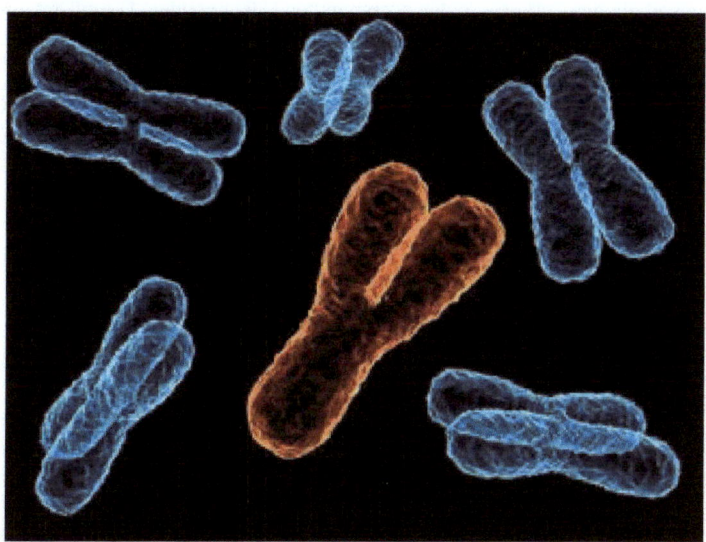

Abb.117 Das Y-Chromosom inmitten von X-Chromosomen. [Quelle: intramed.net]

Das Y-Chromosom

Die Chromosomen bestehen aus DNA und Proteinen ("Eiweissen"). Jede Körperzelle hat in Ihrem Zellkern je 23 Chromosomenpaare (Ausnahme: Eizellen und Spermien haben 23 einzelne Chromosomen). Eines dieser Paare ist das Geschlechts-Chromosomenpaar. Frauen haben zwei X-Chromosomen, Männer ein X- und ein Y-Chromosom. Das Y-Chromosom wird unverändert vom Vater an den Sohn weitergegeben. Jeder Mann bekommt also sein genetisches Familienwappen der väterlichen Linie von seinem Vater vererbt. Bei einem DNA-Test werden bestimmte bekannte DNA-Sequenzen (Marker) untersucht. Diese Marker heissen DYS und haben verschiedene Ausprägungen (Allele). Die Allele werden mit Nummern definiert, die der Anzahl der sich wiederholenden Sequenzabschnitte dieses Markers entsprechen.

Je höher die Anzahl von übereinstimmenden Markern, desto näher die Verwandtschaft zweier Männer. Da nur eine hohe Zahl von gemeinsamen Markern auf eine Verwandtschaft hinweist, ist ein Test, bei dem viele Marker untersucht werden, notwendig, um Verwandte von genetisch ähnlichen Linien zu trennen.

Die mitochondriale DNA

Die mitochondriale DNA (mtDNA) befindet sich auch in jeder Zelle, aber ausserhalb des Zellkerns in den so genannten Mitochondrien. Die mtDNA ist ein ringförmiges doppelsträngiges DNA-Molekül und besteht aus 16'569 Basenpaaren mit 37 Genen. Da die mtDNA eine höhere Mutationsrate als die DNA des Zellkerns aufweist und nur von der Mutter vererbt wird, ist sie ein wertvolles Werkzeug für die Erforschung der menschlichen Abstammung. Vor allem an zwei Stellen der DNA, den hypervariablen Regionen HVR1 und HVR2, enthält die mtDNA sehr viele Muster. Dies ermöglicht es uns, die einzelnen Linien gut zu unterscheiden.

Bei einem mtDNA-Test werden bestimmte Regionen der mtDNA untersucht. Man unterscheidet die Regionen HVR1, HVR2 (hypervariable Regionen) und CR (coding region). Diese Resultate werden mit der Cambridge Reference Sequence (CRS) verglichen. Die CRS, eine standardisierte Sequenz der mtDNA, bildet den Vergleichsmassstab für die Darstellung der mtDNA-Resultate. Dies ermöglicht es, mtDNA-Profile mit mehreren hundert einzelnen Basen übersichtlich darzustellen. Im Resultat werden also nur die Abweichungen zu dieser standardisierten Sequenz dargestellt. Die unterschiedlichen Abweichungen ermöglichen eine Aussage über die Nähe der Verwandtschaft zweier Personen. Die Abweichungen zur CRS werden mit deren Position in der mitochondrialen Sequenz und mit der mutierten Base benannt: z.B. bedeutet 16126C, dass an Position 16126 ein C an Stelle des in der CRS vorkommenden T ist. Wie auf dem Y-Chromsomen finden auch auf der mtDNA Mutationen statt, so dass zwei nahe verwandte Personen ein ähnliches Profil haben als entfernte Verwandte. Je mehr Regionen der mtDNA zwischen zwei Personen übereinstimmen, desto näher sind die beiden miteinander verwandt.

Was weiss man nach einem DNA-Genealogie-Test?

Ein Genealogie-Test sagt Ihnen, aus welcher Haplogruppe Sie stammen (Stämme aus der Urzeit), aus welchem Urvolk der Antike (Kelten, Wikinger, Juden, usw.) Ihre Vorfahren stammen und in welcher Region Ihr DNA-Profil typisch ist. Mit DNA-Genealogie finden Sie ausserdem "genetische Vettern", d.h. Personen, die mit Ihnen gemeinsame Vorfahren teilen. Indem Sie mit Ihren „genetischen Vettern" Informationen wie Stammbaum-Aufzeichnungen austauschen, erweitern Sie Ihr Wissen über die Geschichte Ihrer Familie.

Auf welchen Daten beruhen die Ergebnisse?

Die Bestimmung Ihrer genetischen Herkunft (Haplogruppe und Urvolk), basiert auf der wissenschaftlichen Analyse in den Bereichen Genetik und Anthropologie. Bestimmte DNA-Mutationen (Marker) definieren die verschiedenen Bevölkerungen. Ihr DNA-Profil ermöglicht es uns, zu erkennen, zu welchem Urvolk Sie gehören. Jede neue wissenschaftliche

Erkenntnis in diesen Bereichen ergänzt die vorhandenen Daten. Für die Verwandtensuche wird Ihr DNA-Profil auf einer Datenbank mit dem DNA-Profil aller anderen Personen verglichen. Es wird Ihnen aufgezeigt, wer mit Ihnen genetisch übereinstimmt. Diese „genetischen Vettern" teilen mit Ihnen einen gemeinsamen Vorfahren. Je nach Grad der genetischen Übereinstimmung handelt es sich um einen näheren oder weiter entfernten Verwandten.

10.3. Urvölker-Abklärungen

Der Vergleich der mitochondrialen DNA (mtDNA) und der DNA des Y-Chromosoms bei Menschen verschiedener Bevölkerungsgruppen gibt uns eine Vorstellung, wann und wo sich diese Gruppen in den Völkerwanderungen rund um die Erde bewegt haben. Genetische Mutationen markieren nicht nur einzelne Familien, sondern auch ganze Bevölkerungsgruppen. Indem man die Häufigkeit oder das Auftreten bestimmter Mutationen untersucht, kann der komplexe Stammbaum unserer Menschheit in einzelne Äste unterteilt werden.

Sind bestimmte Muster in mehreren Völkern verbreitet, so sind diese verwandt. Manche Muster kommen nur in bestimmten Völkern vor, wodurch eine Abstammung aus diesen Völkern nachgewiesen werden kann.
Urvölker bezeichnen Völker aus der Antike, die sich nicht nur durch eine eigene Sprache, Kultur und Geschichte definieren, sondern auch eigene DNA-Profile aufweisen.

10.3.1. Urvolk Kelten

Die Kelten waren ein indoeuropäisches Volk der Antike, welches ursprünglich aus dem Alpenraum und den angrenzenden Regionen stammte. Von dort aus verbreiteten sich die Kelten in vielen Gegenden Europas, vor allem in ganz Westeuropa. Durch genetische Studien können wir die Kelten heute nicht nur sprachlich und kulturell von ihren Nachbarvölkern unterscheiden, sondern auch anhand ihrer DNA.

Es wurden über 2000 Speichelproben aus 25 Gebieten, die heute als typisch keltisch gelten, analysiert. Die Probanden stammten aus Gebieten in der Bretagne, in Schottland und Irland, wo noch heute gälisch oder andere keltische Sprachen gesprochen werden. Hierdurch konnten genetische Profile ermittelt werden, die in diesen Regionen besonders häufig vorkommen und daher auf eine keltische Herkunft hinweisen. Zudem stimmt die Wanderung dieser genetischen Linien mit den Wanderungen der Kelten überein.

Abb.118 Das Leben in einem keltischen Dorf   [Quelle: keltenwelt-rhoen.de]

10.3.2. Urvolk Germanen

Die Germanen waren ein indoeuropäisches Volk der Antike, welches ursprünglich aus Norddeutschland und den angrenzenden Regionen stammte. Von dort aus verbreiteten sich die Germanen in vielen Gegenden Europas. Durch genetische Studien können wir die Germanen heute nicht nur sprachlich und kulturell von ihren Nachbarvölkern unterscheiden, sondern auch anhand ihrer DNA.

Nachdem bereits viele keltische Profile durch den Vergleich von über 2'000 Speichelproben isoliert wurden, konnten auch viele typisch germanische Profile entdeckt werden. Hierzu wurden vor allem Profile aus Großbritannien mit solchen aus den Ursprungsregionen der Germanen in Nordwesteuropa verglichen.

10.4. Genetische Abstammung der Moll-Familien im Kt. Solothurn

In der Einleitung zum vorliegenden Buch wurde bereits gesagt, dass die männlichen Vorfahren derjenigen Moll-Familien, von denen das vorliegende Buch handelt, mit grosser Wahrscheinlichkeit ursprünglich *Elbgermanen* (vom heutigen Gebiet des deutschen Landes Sachsen und des tschechischen Böhmen) sind, die dann mit der Wanderung an den Oberrhein *Alemannen* wurden.

Im Kapitel 2.3. wird dann kurz die geschichtliche Herkunft der Alemannen aufgezeigt.

Für die einleitend formulierte Hypothese muss Folgendes berücksichtigt werden:

Der Autor geht davon aus, dass sein Y-Chromosom, dass schon seine vor ca. 1450-1600 Jahren gelebt habenden männlichen Vorfahren in deren Erbgut getragen haben, repräsentativ ist für sämtliche übrigen heutigen

Träger des Namens "Moll", die gemäss der Hypothese zwischen 400 und 550 n. C. aus Südwestdeutschland in die Nordschweiz eingewandert sind und dann am solothurnischen Jura-Südfuss, westlich und östlich von Olten, auf seinerzeit keltoromanischem Boden eine neue Heimat gefunden haben. Dies setzt voraus, dass zu keinem Zeitpunkt eine weibliche Trägerin des namens Moll (also einen Vater dieses Namens hatte) ein Kind geboren hat, das von einem Mann anderen Namens stammte, dem Kind jedoch aus irgendeinem Grund nicht der Familiennamen des Vaters übertragen wurde. Letzteres könnte z.B. bei einem ausserehelich gezeugten Sohn der Fall gewesen sein, dem man dann den Familiennamen der Mutter übertragen hat, obwohl der nicht mit der Mutter verheiratete Vater einen anderen Familiennamen trug. – Soweit der Autor seine eigene Familiengeschichte zurückverfolgen konnte, kann davon ausgegangen werden, dass stets Moll'sche Namensträger Väter seiner Vorfahren waren.

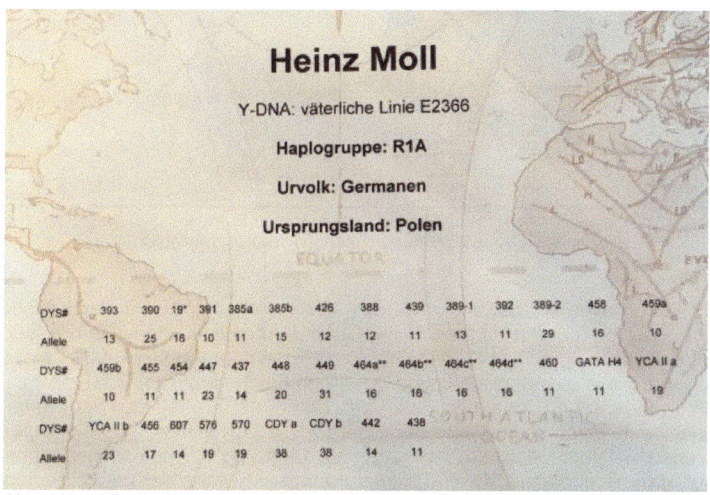

Abb. 119 iGENEA-DNA-Analyse des Autors; väterliche Linie

Fakt ist, dass der geographische Ursprung der väterlichen Vorfahren des Autors aufgrund der DNA-Analysen sehr schön zur heute vermuteten Herkunft des germanischen Stammes der Alemannen passt: So zeigen denn die R1a_M458 Y-Chromosomen die grösste Häufigkeit im heutigen Polen und in Tschechien, dem geographischen Grossraum, aus dem die so-genannten "Elbgermanen" ursprünglich herkommen sollen (s. Abb. 120). Mit der Wanderung der dann etwa ab dem 6. Jahrhundert als "Alemannen" bezeichneten Völkergruppe Richtung Westen wurde deren Erbgut über den Raum des heutigen südlichen Deutschlands bis in das Elsass getragen, wo heute viele Personen ein dem Erbgut des Autors sehr ähnliches Genom aufweisen: Dies zeigen die Resultate der DNA-Analysen einer ganzen Reihe von heute im Elsass lebenden Personen.

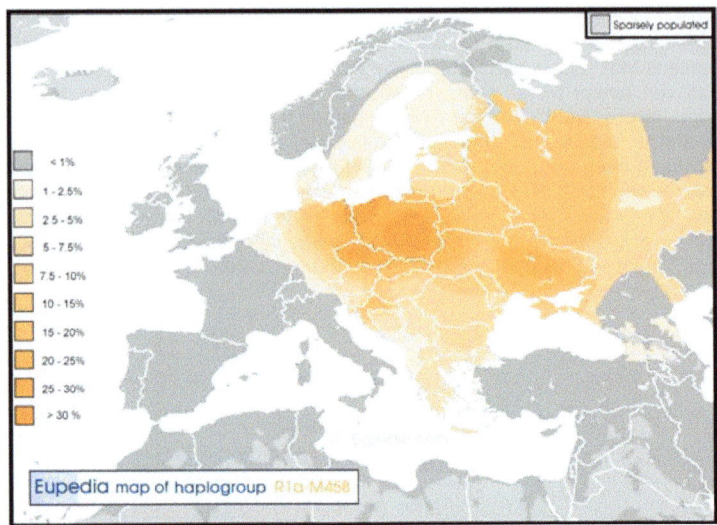

Abb.120   Häufigkeit von R1a_M458 Y-Chromosomen in Europa
[Quelle: www.eupedia.com/europe/maps_Y-DNA_haplogroups]

Es kann davon ausgegangen werden, dass aufgrund der im Kapitel 2.3. aufgezeigten geschichtlichen Entwicklung heute viele Menschen in der "alemannisch-sprachigen" Schweiz ein Erbgut aufweisen, dass einer Mischung aus alemannischen und keltischen Elementen entspricht, wie dies unter anderem auch bei den Eltern des Autors der Fall ist: Das vom Vater geerbte Y-Chromosom weist die in Abb. 119 bei seinem Sohn nachgewiesenen "alemannischen Elemente" mit Ursprung bei den Elbgermanen auf, die mitochondriale DNA der Mutter hingegen weist klar auf keltischen Ursprung hin (vgl. Abb. 121).

11. Ihr eigener Stammbaum

Falls dieses Buch bei Ihnen Interesse gefunden hat, Sie den Namen "Moll" tragen, aus dem Kanton Solothurn stammen und Sie an weiteren Angaben zu Ihren genealogischen Wurzeln interessiert sind, bin ich als Autor gerne bereit, Ihnen aus meiner umfangreichen Datenbank detaillierte Angaben zu übermitteln. Dazu benötige ich möglichst genaue Angaben zu Ihrem Zivilstand, namentlich Geburtsdatum, –ort und Heimatgemeinde sowie mit

Vorteil die Ihnen bereits bekannten Namen und Lebensdaten Ihrer Vorfahren der letzten Generationen.

Sie können mir diese Daten per Post oder, noch einfacher, per Mail zukommen lassen. Sie finden meine aktuellen Koordinaten im Internet unter www.themollfamily.com oder auch im Telefonbuch.

Ob NamensträgerIn "Moll" oder nicht: Ich hoffe, in Ihnen als LeserIn mit dem vorliegenden Werk die Neugier für Ihre Vorfahren geweckt zu haben, falls Sie nicht schon über einen Stammbaum verfügen, der aufzeigt, wo Sie Ihre familiengeschichtlichen Wurzeln haben. In jedem Fall wünsche ich Ihnen viel Vergnügen bei der weiteren Pflege Ihrer genealogischen Daten oder gar der Erstellung eines neuen Stammbaums!

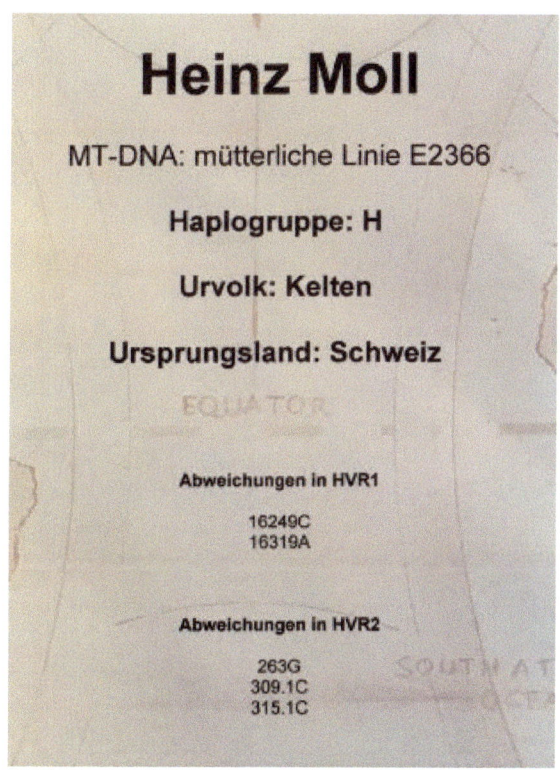

Abb.121   iGENEA-DNA-Analyse des Autors; mütterliche Linie

Literatur-/Autorenverzeichnis

A

[7] Amiet Bruno, Solothurnische Geschichte, Erster Band, S. 117ff; Staatskanzlei des Kantons Solothurn (1952)

[11] Amiet Bruno, Solothurnische Geschichte, Erster Band, S. 121; Staatskanzlei des Kantons Solothurn (1952)

[13] Amiet Bruno, Solothurnische Geschichte, Erster Band, S. 126ff; Staatskanzlei des Kantons Solothurn (1952)

[14] Amiet Bruno, Solothurnische Geschichte, Erster Band, S. 141ff; Staatskanzlei des Kantons Solothurn (1952)

[17] Amiet Bruno, Solothurnische Geschichte, Erster Band, S. 163ff; Staatskanzlei des Kantons Solothurn (1952)

[18] Amiet Bruno, Solothurnische Geschichte, Erster Band, S. 167ff; Staatskanzlei des Kantons Solothurn (1952)

[20] Amiet Bruno, Solothurnische Geschichte, Erster Band, S. 186ff; Staatskanzlei des Kantons Solothurn (1952)

[21] Amiet Bruno, Solothurnische Geschichte, Erster Band, S. 204ff; Staatskanzlei des Kantons Solothurn (1952)

[22] Amiet Bruno, Solothurnische Geschichte, Erster Band, S. 234ff; Staatskanzlei des Kantons Solothurn (1952)

[23] Amiet Bruno, Solothurnische Geschichte, Erster Band, S. 259ff; Staatskanzlei des Kantons Solothurn (1952)

[25] Amiet Bruno, Solothurnische Geschichte, Erster Band, S. 274ff; Staatskanzlei des Kantons Solothurn (1952)

[26] Amiet Bruno, Solothurnische Geschichte, Erster Band, S. 284ff; Staatskanzlei des Kantons Solothurn (1952)

[27] Amiet Bruno, Solothurnische Geschichte, Erster Band, S. 304ff; Staatskanzlei des Kantons Solothurn (1952)

[28] Amiet Bruno, Solothurnische Geschichte, Erster Band, S. 361f; Staatskanzlei des Kantons Solothurn (1952)

[29] Amiet Bruno, Solothurnische Geschichte, Erster Band, S. 363ff; Staatskanzlei des Kantons Solothurn (1952)

[30] Amiet Bruno, Sigrist Hans. Solothurnische Geschichte, Zweiter Band, S. 15ff; Staatskanzlei des Kantons Solothurn (1976)

[32] Amiet Bruno, Sigrist Hans. Solothurnische Geschichte, Zweiter Band, S. 124/139/169; Staatskanzlei des Kantons Solothurn (1976)

[33] Amiet Bruno, Sigrist Hans. Solothurnische Geschichte, Zweiter Band, S. 182ff/199; Staatskanzlei des Kantons Solothurn (1976)

[36] Amiet Bruno, Sigrist Hans. Solothurnische Geschichte, Zweiter Band, S. 244/266/328; Staatskanzlei des Kantons Solothurn (1976)

[39] Amiet Bruno, Sigrist Hans. Solothurnische Geschichte, Zweiter Band, S. 518; Staatskanzlei des Kantons Solothurn (1976)

[40] Amiet Bruno, Sigrist Hans. Solothurnische Geschichte, Zweiter Band, S. 436f/519f; Staatskanzlei des Kantons Solothurn (1976)

[41] Amiet Bruno, Sigrist Hans. Solothurnische Geschichte, Zweiter Band, S. 532f; Staatskanzlei des Kantons Solothurn (1976)

[46] Amiet Bruno, Solothurnische Geschichte, Erster Band, S. 161; Staatskanzlei des Kantons Solothurn (1952)

B

[43] Backman Ylva, Fankhauser Andreas, Lanz Christian, Gräber in Welschenrohr aus der Zeit des Franzoseneinfalls; in: Jahrbücher der Archäologie und Denkmalpflege im Kt. Solothurn. (2015)

[24] Bertschinger Urs, Kestenholz, Kapelle St. Peter und Paul, neuste Befunde zur Baugeschichte und zu den spätgotischen Chormalereien in: Jahrbücher der Archäologie und Denkmalpflege im Kt. Solothurn. (2014)

F

[84] Flury Erhard; Lommiswil, die Geschichte eines Dorfes am Fusse der Hasenmatt, 104f,116,137 und 154 (1992)

[85] Flury Erhard; Lommiswil, die Geschichte eines Dorfes am Fusse der Hasenmatt, S.163, 187ff, 221f, 234, 257f, 262 (1992)

[44] http://www.focusterra.ethz.ch/sonderausstellungen/archiv/tambora-und-das-jahr-ohne-sommer.html

G

[5] Geuenich Dieter, Geschichte der Alemannen, S. 10ff; Verlag W. Kohlhammer, Stuttgart (2005)

[9] Geuenich Dieter, Geschichte der Alemannen, S. 87; Verlag W. Kohlhammer, Stuttgart (2005)

[12] Geuenich Dieter, Geschichte der Alemannen, S. 89; Verlag W. Kohlhammer, Stuttgart (2005)

[15] Geuenich Dieter, Geschichte der Alemannen, S. 118; Verlag W. Kohlhammer, Stuttgart (2005)

H

[1, 2] Harb Pierre; Spycher Hanspeter; Fundort. Archäologie im Kanton Solothurn (2016)

[4] Harb Pierre, Oberbuchsiten/Bachmatt – vom römischen Gutshof zum mittelalterlichen Dorf; im Jahrbuch 2006 der Archäologie und Denkmalpflege im Kanton
Solothurn, S.11 (2007)

[10] Historisches Lexikon der Schweiz, Band1, S. 175ff; Verlag Schwabe, Basel (2002)

[31] Historisches Lexikon der Schweiz, Band 11, S. 587ff (2012)

[34] Historisches Lexikon der Schweiz, Band 3, S.795 (2004)

[35] Historisches Lexikon der Schweiz, Band 13, S.420 (2014)

[37] Historisches Lexikon der Schweiz, Band 2, S.90ff (2003)

[38] Historisches Lexikon der Schweiz, Band 13, S.679 (2014)

[42] Historisches Lexikon der Schweiz, Band 11, S. 587ff (2012)

[45] Historisches Lexikon der Schweiz, Band 11, S. 587ff (2012)

[86] Historisches Lexikon der Schweiz, Band 9, S. 110 (2010)

J

[72] Jahrbuch für solothurnische Geschichte, Band 14, S. 26 (1941)

[16] Jahrbuch 1997 der Archäologie und Denkmalpflege im Kanton Solothurn
S.55 (1998)

P

[73] Pfluger Jules und Elisabeth, Gschwind Karl, 900 Jahre Härkingen, S.22f
(1980)

[75] Pfluger Jules, Härkingen – alte Häuser und ihre Bewohner, S.59 (1995)

[76] Pfluger Jules, Härkingen – alte Häuser und ihre Bewohner, S.90 (1995)

[77] Pfluger Jules und Elisabeth, Gschwind Karl, 900 Jahre Härkingen, S.47ff u 177
(1980)

[78] Pfluger Jules und Elisabeth, Gschwind Karl, 900 Jahre Härkingen, S.60ff (1980)

[79] Pfluger Jules und Elisabeth, Gschwind Karl, 900 Jahre Härkingen, S.69f (1980)

[80] Pfluger Jules und Elisabeth, Gschwind Karl, 900 Jahre Härkingen, S.135f (1980)

[81] Pfluger Jules, Härkingen – alte Häuser und ihre Bewohner, S.142 (1995)

[82] Pfluger Jules und Elisabeth, Gschwind Karl, 900 Jahre Härkingen, S.73/84/156/176
(1980)

[83] Pfluger Jules und Elisabeth, Gschwind Karl, 900 Jahre Härkingen, S.92ff, 161 (1980)

S

[3] Schaffer Fritz, Abriss der Schweizer Geschichte, S.11ff; Verlag Huber, Frauenfeld (1972)

T

[87] Tatarinoff, E. Jahrbuch für solothurnische Geschichte, Band 11, Bericht der Altertümer-Kommission über das Jahr 1937. 6. Folge, S. 215f (1938)

[6] Thürer Georg, Bundesspiegel: Geschichte und Verfassung der Schweizerischen Eidgenossenschaft, S. 10; Artemis Verlags-AG, Zürich (1964)

V

[71] von Arx Guido, Solothurner Zeitung, 23.April 2014

W

[47] Walter Lukas, Dulliken im Spiegel seiner Vergangenheit, S.66; Walter-Verlag, Olten (1966)

[48] Walter Lukas, Dulliken im Spiegel seiner Vergangenheit, S.69ff; Walter-Verlag, Olten (1966)

[49] Walter Lukas, Dulliken im Spiegel seiner Vergangenheit, S.306 / 354ff / 377; Walter-Verlag, Olten (1966)

[50] Walter Lukas, Dulliken im Spiegel seiner Vergangenheit, S.72 / 316; Walter-Verlag, Olten (1966)

[51] Walter Lukas, Dulliken im Spiegel seiner Vergangenheit, S. 94 und S.314 / 370; Walter-Verlag, Olten (1966)

[52] Walter Lukas, Dulliken im Spiegel seiner Vergangenheit, S. 316; Walter-Verlag, Olten (1966)

[53] Walter Lukas, Dulliken im Spiegel seiner Vergangenheit, S.422; Walter-Verlag, Olten (1966)

[54] Walter Lukas, Dulliken im Spiegel seiner Vergangenheit, S.102ff/118/321ff/376ff; Walter-Verlag, Olten (1966)

[55] Walter Lukas, Dulliken im Spiegel seiner Vergangenheit, S. 118/125ff/338/364f/413f Walter-Verlag, Olten (1966)

[56] Walter Lukas, Dulliken im 19. und 20. Jh., S.13/53/87/154; EGde. Dulliken (1993)

[57] Walter Lukas, Dulliken im Spiegel seiner Vergangenheit, S.441; Walter-Verlag, Olten (1966)

[58] Walter Lukas, Dulliken im Spiegel seiner Vergangenheit, S.69ff; Walter-Verlag, Olten (1966)

[59] Walter Lukas, Dulliken im Spiegel seiner Vergangenheit, S.359/429ff/446; Walter-Verlag, Olten (1966)

[60] Walter Lukas, Dulliken im 19. und 20. Jh., S.18ff/112/138; EGde. Dulliken (1993)

[61] Walter Lukas, Dulliken im 19. und 20. Jh., S.25/60ff/124f/182ff; EGde. Dulliken (1993)

[62] Walter Lukas, Dulliken im Spiegel seiner Vergangenheit, S.130ff/434; Walter-Verlag, Olten (1966)

[63] Walter Lukas, Dulliken im Spiegel seiner Vergangenheit, S.72; Walter-Verlag, Olten (1966)

[64] Walter Lukas, Dulliken im Spiegel seiner Vergangenheit, S.135; Walter-Verlag, Olten (1966)

[65] Walter Lukas, Dulliken im 19. und 20. Jh., S.27ff/66/93/121/141/188; EGde. Dulliken (1993)

[66] Walter Lukas, Dulliken im 19. und 20. Jh., S.36ff/124/132f/172/204/254ff; EGde. Dulliken (1993)

[67] Walter Lukas, Dulliken im 19. und 20. Jh., S.2752/79/128ff/143/257/308; EGde. Dulliken (1993)

[68] Walter Lukas, Dulliken im Spiegel seiner Vergangenheit, S.146ff/252/443ff; Walter-Verlag, Olten (1966)

[69] Walter Lukas, Dulliken im Spiegel seiner Vergangenheit, S.149ff/252/453; Walter-Verlag, Olten (1966)

[70] Website der Gemeinde Egerkingen

[19] Wikisource; Die Siegel der Deutschen Kaiser und Könige, Band 5, S. 23 (2018)

[8] Wullschleger Myriam, Das frühmittelalterliche Gräberfeld von Grenchen – erste Ergebnisse der Ausgrabungen 2014; in: Jahrbücher der Archäologie und Denkmalpflege im Kt. Solothurn. (2015)